FORMULAIRE D'AUDIENCE

DU

PRÉSIDENT D'ASSISES

Sous forme de

RÉPERTOIRE MÉTHODIQUE

IMPRIMERIE
CONTANT-LAGUERRE
LVX IN VITA
BAR-LE-DUC

FORMULAIRE D'AUDIENCE

DU

PRÉSIDENT D'ASSISES

Sous forme de

RÉPERTOIRE MÉTHODIQUE

CONTENANT AVEC LES INDICATIONS DE LA JURISPRUDENCE, ET LES TEXTES
DU CODE PÉNAL ET D'INSTRUCTION CRIMINELLE
TOUS LES MODÈLES ET RENSEIGNEMENTS NÉCESSAIRES POUR DIRIGER LES DÉBATS
ET RENDRE LES ARRÊTS

PAR GEORGES TELLIER

DOCTEUR EN DROIT
CONSEILLER A LA COUR D'APPEL DE DOUAI
PRÉSIDENT D'ASSISES

PARIS

LIBRAIRIE
DU RECUEIL GÉNÉRAL DES LOIS ET DES ARRÊTS
ET DU JOURNAL DU PALAIS

L. LAROSE, ÉDITEUR

22, RUE SOUFFLOT, 22

1894

PRÉFACE.

Mon intention a été, en publiant ce travail, de faire, non point un livre doctrinal, mais un ouvrage pratique, utile à ceux de mes collègues appelés à présider les Assises. Ce qui concerne le jury a été traité par nombre d'auteurs d'élite; il me suffira de citer MM. Faustin Hélie et Nouguier.

Mon but est des plus modestes; appelé à diriger les débats au grand criminel, j'ai dû condenser, sous une forme aussi restreinte que possible, tous les documents nécessaires à l'exercice de ces délicates fonctions : il importait, pour la bonne administration de la justice, de n'éprouver ni hésitation, ni embarras : secondé par M. le président Mauflastre, auquel j'ai le devoir d'adresser ici tous mes remerciements, j'ai recueilli des formules d'arrêts sur les points les plus usuels; puis, peu à peu, aidé par l'expérience, j'ai agrandi le cadre de mon travail, et lui ai donné la forme d'un répertoire méthodique, la plus commode pour des recherches immédiates.

Ce répertoire comprend trois parties; dans la première, se trouvent classés par ordre chronologique, toutes les formalités, tous les incidents qui peuvent se présenter à l'audience, depuis l'ouverture de la session, jusqu'à l'arrêt intervenant sur une réponse affirmative du Jury : tirage du jury, serment des jurés, arrêt de huis-clos, audition des témoins, instruction au jury, ordonnance d'acquittement, etc., etc.; puis les questions contentieuses à résoudre par le Président de la Cour, en matière de témoignage, de troubles à l'audience, de questions subsidiaires ou d'excuses à poser au Jury; l'indication de tout ce qui doit être traduit à l'accusé ne parlant pas le français, enfin ce qui concerne les contumaces.

Les deuxième et troisième parties sont l'une et l'autre relatives à l'arrêt que la Cour doit rendre en cas de déclaration de culpabilité : la deuxième contient d'abord la formule générale de ces arrêts suivant les peines que la Cour va prononcer, et ce, par ordre de gravité ascendante : absolution, emprisonnement, réclusion, travaux forcés à temps et à perpétuité, mort, peine de mort contre le parricide, puis toutes les circonstances qui viennent modifier la peine soit en l'adoucissant, soit en l'aggravant : sursis, imputation ou non imputation de la détention préventive, récidive;

1

puis encore les peines accessoires, telles que la relégation, la déchéance de la puissance paternelle, la dégradation des légionnaires, enfin la formule des arrêts applicables aux mineurs de seize ans.

La troisième partie contient les textes de loi concernant la plupart des crimes déférés aux Cours d'assises : je ne les ai point indiqués tous, éliminant ceux qui ne visent que des cas extrêmement rares : j'y ai mentionné, avec quelques dispositions nouvelles, toutes celles que j'ai appliquées depuis cinq ans, y ajoutant les délits subsidiaires, et ceux qui constituent une dégénérescence des crimes. C'est à dessein que j'ai omis les lois sur la presse : procédure, pénalité, tout est spécial en cette matière : j'ai craint d'agrandir outre mesure le cadre de ce petit livre : d'ailleurs, les textes de cette législation sont sujets à tant de changements, qu'ils arriveraient promptement à vieillir mon travail ; on aimerait à conserver ses enfants toujours jeunes.

J'ai été très sobre de citations de jurisprudence ; toutefois, dans des notes aussi brèves que possible, j'ai indiqué les arrêts de principe sur les questions qui peuvent faire naître des doutes sérieux ; j'ai, de plus, mentionné avec quelques développements ce qui touche la position des questions subsidiaires et d'excuses ; puis dans plusieurs tableaux j'ai résumé : 1° les cas d'audition ou de non audition des témoins (V° **Témoins, Incidents**) ; 2° les peines à prononcer en cas de concours de la récidive et des circonstances atténuantes (V° **Récidive**) ; 3° les peines à prononcer contre un mineur de seize ans reconnu coupable avec discernement (V° **Mineur de seize ans**).

J'espère, par la publication de ce travail, pouvoir être utile à mes collègues, en leur évitant de laborieuses recherches, et en leur facilitant une tâche souvent pénible ; je me suis efforcé d'être à la fois, exact, précis et complet ; mais je serais reconnaissant à ceux d'entre eux qui voudraient bien me signaler les lacunes ou inexactitudes qu'ils auraient rencontrées ; même quand on pense avoir fait *bien*, il est doux d'espérer qu'on pourra faire *mieux*.

Douai, 15 février 1894.

OUVERTURE DE LA SESSION.

La session du ... trimestre des Assises du département d..... pour l'année..... est ouverte.

FORMATION DU JURY.

M. le Greffier, veuillez faire l'appel général de MM. les Jurés.

JURÉS DÉFAILLANTS.

Le Ministère public a la parole pour prendre ses réquisitions relativement aux Jurés qui n'ont pas répondu à l'appel.

La Cour va en délibérer.

Arrêt. Sur les réquisitions du Ministère public tendant à ce qu'il plaise à la Cour statuer sur les motifs d'excuse des Jurés ci-après nommés, non comparants, bien que cités à remplir leurs fonctions pendant la présente session ;

Vu les originaux des citations et les pièces produites :

Juré absent. Attendu qu'il est établi que le sieur N..... était absent au moment où la notification lui a été faite, et qu'il n'a pu être touché par cette notification,

La Cour ordonne que le nom de ce juré sera retiré de la liste des jurés de la présente session ;

Dit que son nom sera adressé à M. le .... Président, pour être remis dans l'urne et soumis aux tirages ultérieurs.

Non comparant sans motif. Condamnation. Attendu que la liste des Jurés a été notifiée au sieur N....., à son domicile, parlant à.....

Que ce Juré ne comparaît pas et qu'il n'a fait parvenir aucune excuse pour justifier sa non comparution.

Ou qu'il n'est pas suffisamment établi qu'il soit dans l'impossibilité de remplir les fonctions de juré.

Vu les art. 396, C. instr. cr. et 20 de la loi des 21-24 novembre 1872, ainsi conçus :

396. — « Tout juré qui ne se sera pas rendu à son poste
« sur la citation qui lui aura été notifiée sera condamné
« par la Cour d'assises à une amende, laquelle sera : pour
« la première fois, de 500 francs ; pour la deuxième fois,
« de 1,000 francs ; pour la troisième fois, de 1,500 francs.
« Cette dernière fois il sera de plus déclaré incapable d'exercer
« à l'avenir les fonctions de juré. L'arrêt sera imprimé et
« affiché à ses frais. »

20. — « L'amende de 500 francs prononcée par le
« deuxième § de l'art. 396, C. instr. cr., peut être réduite
« par la Cour à 200 francs, sans préjudice des autres dis-
« positions de cet article. »

En exécution de ces dispositions,

La Cour condamne N..... à..... d'amende et aux frais. Ordonne que son nom sera transmis à M. le ..... Président, pour être par lui remis dans l'urne et soumis aux tirages ultérieurs.

Excuse temporaire. Attendu qu'il résulte d'un certificat régulier délivré par le Docteur..... que le sieur N..... est malade et se trouve dans l'impossibilité de remplir les fonctions de juré ;

Vu l'art. 397 C. instr. cr., ainsi conçu :

397. — « Seront exceptés ceux qui justifieront qu'ils étaient
« dans l'impossibilité de se rendre au jour indiqué. La Cour
« prononcera sur la validité de l'excuse. »

La Cour déclare N..... excusé pour la présente session ; ordonne que son nom sera adressé à M. le ..... Président, pour être rétabli dans l'urne et soumis aux tirages ultérieurs.

Excuse permanente Attendu que N..... a légalement justifié de l'impossibilité dans laquelle il se trouve de faire désormais partie du jury.

(*a*) *Incompatibilités* (art. 3 de la loi du 21 novembre 1872). — Les fonctions de juré sont incompatibles avec celles de député, ministre, membre du Conseil d'État, membre de la Cour des comptes, sous-secrétaire d'État ou secrétaire général d'un ministère, préfet et sous-préfet, secrétaire général de préfecture, conseiller de préfecture, membre de la Cour de cassation ou des Cours d'appel, juge titulaire ou suppléant des tribunaux civils et des tribunaux de commerce, officiers du Ministère public près des tribunaux de première instance, juges de paix, commissaires de police, ministre d'un culte reconnu par l'État, militaire de l'armée de terre ou de mer en activité de service et pourvu d'emploi, fonctionnaire ou préposé du service actif des douanes, des contributions indirectes, des forêts de l'État et de l'administration des télégraphes, instituteur primaire communal.

Vu l'art. 357 C. instr. cr., ainsi conçu :

357. — « Seront exceptés ceux qui justifieront qu'ils « étaient dans l'impossibilité de se rendre au jour indiqué. « La Cour prononcera sur la validité de l'excuse. »

LA COUR déclare permanentes les excuses présentées par N..... Ordonne qu'extrait du présent arrêt, en ce qui le concerne, sera transmis à M. le ..... Président, pour être par lui procédé ultérieurement ainsi que de droit.

Sursis. Attendu que les certificats produits par N....., quoique de nature à faire croire que ce juré est dans l'impossibilité de remplir ses fonctions, ne sont pas assez explicites pour permettre à la Cour de statuer définitivement sur l'excuse que N..... présente,

LA COUR surseoit à statuer à l'égard de N..... jusqu'au (*date*).

Ou... admet provisoirement l'excuse présentée au nom de N..... et surseoit à statuer définitivement au..... (*date*).

Ordonne que le présent arrêt sera exécuté à la diligence de M. le Procureur.....

Incompatibilité (*a*). Attendu qu'il résulte des documents versés à la Cour que le sieur N..... appelé à siéger comme juré exerce les fonctions de..... (*Indiquer la fonction d'où dérive l'incompatibilité*);

Qu'il se trouve, en conséquence, dans l'un des cas d'incompatibilité prévus par l'art. 3 de la loi du 21 novembre 1872 ;

LA COUR déclare le sieur N..... excusé pour la présente session,

Ordonne que son nom sera adressé à M. le ..... Président, pour être par lui procédé ultérieurement ainsi que de droit.

Juré. 1° Domestique. 2° Ne sachant pas lire et écrire en français. 3° Ayant besoin de son travail pour vivre.

LA COUR,

Attendu qu'il est établi que N...., désigné comme juré pour la présente session....., exerce la profession de domestique ou serviteur à gages ;

Ou ne sait pas lire et écrire en français ;

Ou a besoin pour vivre de son travail manuel et journalier ;

Ordonne que le nom du sieur N..... sera rayé de la liste des jurés de la présente session, et qu'un extrait du présent arrêt sera transmis à M. le ..... Président pour être par ui procédé ultérieurement, ainsi que de droit.

Septuagénaire. Attendu que des pièces produites par N....., il appert qu'il est âgé de plus de 70 ans; qu'aux termes de l'art. 5 de la loi des 21-24 novembre 1872, il doit être dispensé des fonctions de juré,

La Cour déclare N..... dispensé des fonctions de juré, ordonne qu'un extrait du présent arrêt sera transmis à M. le ..... Président, pour être par lui procédé ainsi que de droit.

...ins de 30 ans. Attendu que N..... est âgé de moins de 30 ans, étant né à....., le....., ainsi qu'il résulte des documents fournis à la Cour, et que, par conséquent, aux termes de l'art. 1er de la loi des 21-24 novembre 1872, il ne peut remplir les fonctions de juré,

La Cour déclare N..... dispensé des fonctions de juré pour la présente session,

Ordonne qu'un extrait du présent arrêt sera transmis à M. le ..... Président, pour être par lui procédé ultérieurement ainsi que de droit.

Identité. Attendu qu'il y a identité évidente entre le sieur N..... (*nom, prénoms et profession*), né le...., à....., et le juré compris dans la liste du tirage sous le n°....., puisqu'il n'existe pas dans la commune où ce juré habite, d'autre personne à laquelle puissent s'appliquer les désignations sus-mentionnées;

Ou attendu que les véritables prénoms du sieur N..... *ou* (l'orthographe véritable du sieur N.....) sont..... au lieu de.....; qu'il y a identité entre le juré qui a répondu à l'appel et la personne du même nom inscrite tant sur la liste annuelle que sur celle du tirage de la présente session;

Attendu toutefois que l'erreur qui s'est glissée dans la désignation de ce juré telle qu'elle a été signifiée aux accusés qui doivent être jugés aujourd'hui, peut être de nature à entraver l'exercice de leur droit de récusation,

La Cour dit que le nom de N..... ne sera pas placé dans l'urne destinée au tirage au sort des jurés, pour les affaires de ce jour seulement;

Ordonne qu'à l'avenir le nom de N..... sera notifié aux accusés avec les modifications résultant du présent arrêt.

Non identité. Attendu qu'il résulte des renseignements fournis à la Cour que le sieur A....., qui se présente à la Cour pour siéger comme juré sur la citation qui lui a été donnée, est un sieur A..... (*prénoms, profession, résidence*), né à....., le..... 18... ; qu'au contraire le juré dont le nom a été extrait de l'urne pour faire partie du jury de cette session est un sieur B..... (*prénoms, profession, résidence*), né à....., le..... 18..,

Qu'il n'y a donc pas identité entre le sieur A...., comparaissant sur la citation et le sieur B....., juré désigné, lequel n'a point été touché par la citation.

La Cour dit que le sieur A..... comparant ne siégera pas dans la présente session.

Dispositif. Et attendu qu'indépendamment des jurés dispensés et excusés il reste encore trente..... jurés de la liste des 36,

La Cour déclare n'y avoir lieu de recourir, pour former le jury de jugement, aux jurés supplémentaires, lesquels, néanmoins, assisteront à l'ouverture des audiences de la Cour d'assises, afin de compléter, le cas échéant, le nombre 30.

s supplémen-es. *Ou* : et attendu que le nombre des jurés titulaires est réduit à moins de 30, dit que, pour compléter ce nombre, il y a lieu d'adjoindre aux jurés titulaires le..... 1ᵉʳ, etc., juré suppléant.

ADJONCTION DE JURÉS COMPLÉMENTAIRES.

Arrêt. Attendu que, par suite des excuses admises par la Cour, les jurés titulaires et supplémentaires réunis se trouvent réduits à..... (*moins de 30*);

Ouï le Ministère public en ses réquisitions,

Après en avoir délibéré,

La Cour ordonne que, par le Président de la Cour d'assises, il soit immédiatement procédé, en audience publique, conformément aux dispositions de l'art. 393 C. instr. cr. et de l'art. 19 de la loi des 21 - 24 novembre 1872, à un tirage supplémentaire par la voie du sort, de..... (*cinq dans l'usage, au minimum*) citoyens portés sur la liste spéciale des jurés supplémentaires résidant à..... (*ville où siège la Cour d'assises*) : et ce pour compléter le nombre de trente, indispensable à la formation régulière du jury de jugement et assurer le service de la présente session.

Dit que ces jurés supplémentaires seront immédiatement convoqués (art. 393 C. instr. cr.).

ès-verbal de ...age au sort. Et séance tenante, l'audience étant toujours publique, M. le Président a fait apporter l'urne des jurés supplémentaires, laquelle avait été scellée lors du dernier tirage, et contenant les noms appartenant exclusivement à la ville de...., chef-lieu judiciaire du département de..... Il a été reconnu que la bande de papier scellée était intacte, ainsi que les sceaux et signatures dont elle était revêtue, y ayant été apposés lors du dernier tirage.

Après avoir agité l'urne pour y mêler les bulletins y contenus, M. le Président a rompu le scellé et extrait successivement de la dite urne (*nombre de noms extraits*) noms. Ces noms ont été par lui proclamés au fur et à mesure de leur sortie, et sans opposition de la part du Ministère public.

Le Greffier a immédiatement dressé une liste de ces noms, en suivant l'ordre du tirage. Cette liste a été composée comme suit :

1° M. (*nom, prénoms, lieu et date de naissance, profession, résidence*).

2° M., etc., 3°. 4°. 5°.

L'opération du tirage étant terminée, M. le Président a remis dans l'urne les cinq bulletins susdits, ce service ne devant pas compter aux jurés désignés par le sort.

M. le Président a ordonné aux huissiers de la Cour de citer à comparaître à l'heure même, à l'audience de la Cour d'assises du..... 1° Le sieur A..., premier juré désigné par le sort; en cas d'absence, le deuxième, etc. — Le sieur A... s'étant présenté, son nom a été immédiatement placé sur la liste du jury de la présente session, et a ainsi complété le nombre de trente jurés. De tout ce que dessus a été dressé le présent procès-verbal qui a été signé par le Président et le Greffier.

JURÉ DÉFAILLANT DANS LE COURS D'UNE SESSION.

Arrêt.   Ouï le Ministère public en ses réquisitions,

Après en avoir délibéré,

Attendu que M. N....., juré inscrit sur la liste de service de la session, ne s'est pas présenté à l'audience de la Cour d'assises de ce jour, pour laquelle il a été régulièrement convoqué ;

Vu les art. 396, 398, C. instr. cr. et 20 de la loi des 21-24 novembre 1872, ainsi conçus :

396. —. « Tout juré qui ne se sera pas rendu à son poste « sur la citation qui lui aura été notifiée, sera condamné « par la Cour d'assises à une amende, laquelle sera, pour la « première fois, de 500 francs; pour la deuxième fois, de « 1,000 francs, et pour la troisième fois, de 1,500 francs. « Cette dernière fois, il sera de plus déclaré incapable « d'exercer à l'avenir les fonctions de juré. L'arrêt sera im-« primé et affiché à ses frais. »

398. — « Les peines portées en l'art. 396 sont appli-« cables à tout juré qui, même s'étant rendu à son poste, « se retirerait avant l'expiration de ses fonctions, sans une « excuse valable qui sera également jugée par la Cour. »

20. — « L'amende de 500 francs prononcée par le « deuxième § de l'art. 396 C. instr. cr., peut être réduite (*a*) Il n'est pas nécessaire : 1° que cet arrêt soit prononcé en audience publique. *Sic*, Cass., 24 septembre 1874; B. cr., n° 264. — 2° Que cet arrêt soit prononcé après observations de l'accusé ou de son défenseur, ni même en sa présence. *Sic*, Cass., 11 février 1860; B. cr., n° 35; *id.*, 17 févr. 1870; B. cr., n° 45.

« par la Cour à 200 francs, sans préjudice des autres dis-
« positions de cet article. »

La Cour condamne N..... à..... d'amende et aux frais.

JURÉ RELEVÉ D'UNE AMENDE.

Arrêt.

Attendu que M. N..... justifie que des circonstances indépendantes de sa volonté l'ont empêché d'arriver à l'heure
pour laquelle il était convoqué ;

Ou Attendu qu'à raison de son état de santé, N... s'est
trouvé empêché de prendre part aux travaux de la Cour
d'assises ; qu'il en justifie par un certificat régulier du médecin ; qu'il est aujourd'hui rétabli ;

La Cour relève N..... de l'amende prononcée contre lui
par l'arrêt en date du....., et ordonne qu'il reprendra immédiatement ses fonctions de juré.

ADJONCTION DE JUGES ET DE JURÉS (*a*).

Arrêt.

Ouï le Ministère public en ses réquisitions,

[*Ouï l'accusé et son conseil en leurs observations*].

Attendu que le procès actuel est de nature à entraîner de
longs débats :

Vu les art. 4 de la loi du 25 brumaire an VIII et 394
C. instr. cr., lesquels sont ainsi conçus :

4. — « Dans les procès criminels de l'étendue de
« ceux mentionnés en l'art. 1ᵉʳ, le Tribunal criminel s'ad-
« joindra deux juges du Tribunal civil pour assister aux
« débats. »

394. — « Le nombre de douze jurés est nécessaire pour
« former un jury. Lorsqu'un procès criminel paraîtra de
« nature à entraîner de longs débats, la Cour d'assises
« pourra ordonner, avant le tirage de la liste des jurés,
« qu'indépendamment de douze jurés, il en sera tiré au
« sort un ou deux autres qui assisteront aux débats.
« Dans le cas où l'un ou deux des douze jurés serait

« empêché de suivre les débats jusqu'à la déclaration
« définitive du jury, ils seront remplacés par les jurés
« suppléants. Le remplacement se fera suivant l'ordre
« dans lequel les jurés suppléants auront été appelés par
« le sort.

La Cour ordonne qu'il sera adjoint un Conseiller assesseur (*ou un Juge assesseur*) à ceux composant la Cour d'assises
pour remplacer celui de Messieurs qui, pendant le cours
du procès actuel, se trouverait légitimement empêché ;

Ordonne, en outre, qu'indépendamment des noms des
douze jurés composant le jury de jugement, il sera tiré
au sort les noms de deux Jurés suppléants qui assisteront à tous les débats, et remplaceront, le cas échéant,
l'un ou deux des jurés titulaires qui seraient légitimement
empêchés de suivre les débats jusqu'à la déclaration définitive du Jury.

Nota. L'arrêt ci-dessus ne peut nommer l'Assesseur adjoint : cette désignation doit être faite au chef-lieu de la Cour d'appel par ordonnance du Premier
Président, et ailleurs par ordonnance du *Président de la Cour d'assises*, qui
nomme l'Assesseur adjoint (art. 253 C. instr. cr.).

DÉSIGNATION D'UN ASSESSEUR PAR LE CONSEILLER (*a*) PRÉSIDANT LES ASSISES.

Ordonnance. L'an mil huit cent....., le....., Nous....., Conseiller à
la Cour d'appel de....., Président de la Cour d'assises de.....,
pour le..... trimestre de.....,

Attendu qu'il y a lieu de désigner un Assesseur en
remplacement de M..... qui est, pour cause de santé, dans
l'impossibilité de siéger, *ou* qui a fait des actes d'instruction dans l'affaire du nommé X....., inscrite au rôle de ce
jour ;

Attendu que M. le Président du Tribunal et M....., juge
sont empêchés ;

Vu l'art. 253 C. instr. cr., ainsi conçu :

253. — « Dans les autres départements, à partir du
« jour de l'ouverture de la session, le Président des
« assises pourvoira au remplacement des assesseurs régu-

(*a*) Si le Président des assises ne peut sans nullité connaître de l'affaire (par exemple parce qu'il a voté sur la mise en accusation), il ne peut non plus désigner l'assesseur suppléant; mais s'il est seulement empêché de présider les débats, bien qu'ayant qualité pour connaître de l'affaire, il devrait procéder lui-même à la désignation de l'assesseur.

« lièrement empêchés et désignera, s'il y a lieu, les
« assesseurs supplémentaires ; »

Désignons comme assesseur M. N....., juge suppléant
plus ancien au Tribunal civil de.....

DÉSIGNATION D'UN ASSESSEUR
PAR LE PRÉSIDENT DU TRIBUNAL, REMPLAÇANT LÉGAL
DU PRÉSIDENT DES ASSISES EMPÊCHÉ (*a*).

L'an mil huit cent....., le.....

Ordonnance. Nous, Président du Tribunal civil de....., remplissant
par empêchement légal de M. le Conseiller N..... les
fonctions de Président de la Cour d'assises,

Attendu qu'il y a lieu de désigner un Assesseur en remplacement de M. N....., légalement empêché de siéger
pour raison de santé, *ou* ayant fait des actes d'instruction
dans l'affaire du nommé X....., inscrite au rôle de ce jour ;

Ou Attendu qu'il y a lieu de désigner un Assesseur en
notre remplacement, pour compléter la Cour ;

Attendu que M. N....., juge plus ancien est empêché ;

Vu l'art. 253 C. instr. cr., ainsi conçu :

253. — « Dans les autres départements, à partir du jour
« de l'ouverture de la session, le Président des assises
« pourvoira au remplacement des assesseurs régulièrement
« empêchés, et désignera, s'il y a lieu, les assesseurs sup-
« plémentaires. »

Désignons comme assesseur M. N....., juge suppléant
plus ancien au Tribunal civil de.....

(*a*) Avant l'ouverture de la session, le Président peut seul ordonner la jonction ou la disjonction des procédures.

Lorsque l'affaire vient à l'audience, le Président et la Cour peuvent, l'un et l'autre, ordonner la jonction ou la disjonction. Si l'affaire devient contentieuse, la Cour seule peut prononcer.

ARRET DE JONCTION (*a*).

Jonction.
Disjonction.

Un seul accusé. Ouï le Ministère public, qui a requis la jonction de deux actes d'accusation à la charge de N....., l'un à la date du....., l'autre à la date du.....;

Ouï l'accusé et son conseil;

Attendu que la jonction requise est dans l'intérêt de l'accusé, en même temps qu'elle est utile à une bonne et prompte administration de la justice,

Que d'ailleurs l'accusé et son conseil déclarent y consentir;

Vu les art. 307 et 365 C. inst. cr., ainsi conçus :

307. — « Lorsqu'il aura été formé à raison d'un même « délit plusieurs actes d'accusation contre différents accusés, « le Procureur général pourra en requérir la jonction et le « Président pourra même l'ordonner d'office. »

365. — « En cas de conviction de plusieurs crimes ou « délits, la peine la plus forte sera seule prononcée. »

LA COUR ordonne la jonction des deux actes d'accusation sus-datés, pour être soumis à un seul et même débat, et y être fait droit par un seul et même arrêt;

Plusieurs accusés. Ouï le Ministère public, qui a requis la jonction des différents actes d'accusation dressés à la charge de A..... et à la charge de B....., l'un à la date du....., l'autre à la date du.....;

Ouï les accusés et leurs conseils;

Attendu que les faits imputés à A..... et à B..... par les deux actes d'accusation sus-visés, paraissent

Ou avoir été commis en même temps par deux (*ou plusieurs*) personnes réunies;

Ou avoir été commis à la suite d'un concert formé à l'avance entre A..... et B.....

Ou avoir été commis, les uns pour se procurer les moyens de commettre les autres, pour en faciliter ou en consommer l'exécution, ou pour en assurer l'impunité.

Attendu d'ailleurs que la jonction requise est utile pour la prompte et bonne administration de la justice.

Attendu en outre que les accusés et leurs conseils déclarent y consentir.

Vu les art. 307 et 227 C. instr. cr., ainsi conçus :

307. — « Lorsqu'il aura été formé, à raison du même « délit plusieurs actes d'accusation contre différents accu- « sés, le Procureur général pourra en requérir la jonction « et le Président pourra l'ordonner même d'office. »

227. — « Les délits sont connexes : soit lorsqu'ils ont « été commis en même temps par plusieurs personnes « réunies, soit lorsqu'ils ont été commis par différentes « personnes, même en différents temps et en divers lieux, « mais par suite d'un concert formé à l'avance entre « elles ; soit lorsque les coupables ont commis les uns « pour se procurer les moyens de commettre les autres, « pour en faciliter, pour en consommer l'exécution, ou « pour en assurer l'impunité. »

Après en avoir délibéré,

LA COUR ordonne la jonction des actes d'accusation sus désignés, pour être soumis à un seul et même débat, et pour y être fait droit par un seul et même arrêt.

ARRÊT DE DISJONCTION.

Vu l'arrêt en date du....., rendu par la Cour d'appel de...., Chambre des mises en accusation, lequel renvoie A..... et B..... devant la Cour d'assises de....., sous l'accusation de.....

Ouï le Ministère public en ses réquisitions.

Ouï les accusés et leurs conseils en leurs observations.

Attendu qu'il est établi que A..... est dans un *état de maladie* qui peut se prolonger, et qu'il est dans l'impossibilité de se présenter aux débats qui doivent s'ouvrir aujourd'hui ;

Ou (autres motifs).

Vu les art. 306 et 308 C. instr. cr., ainsi conçus :

306. — « Si le Procureur général ou l'accusé ont des

« motifs pour demander que l'affaire ne soit pas partie à
« la 1re assemblée du jury, ils présenteront au Président
« de la Cour d'assises une requête en prorogation de
« délai. Le Président décidera si cette prorogation doit
« être accordée. Il pourra aussi proroger d'office le délai. »

308. — « Lorsque l'acte d'accusation contiendra plu-
« sieurs délits non connexes, le Procureur général pourra
« requérir que les accusés ne soient mis en jugement,
« quant à présent, que sur l'un ou quelques-uns des
« délits, et le Président pourra l'ordonner d'office. »

Après en avoir délibéré,

La Cour disjoint l'accusation qui concerne A..... de
celle qui concerne B.....

(a) Il n'est pas nécessaire que cet arrêt soit rendu en audience publique, ni même en présence des accusés.

Arrêt (*a*).   Avant le tirage du Jury, si moins de 30 jurés titulaires présents.

Attendu que le nombre des jurés titulaires est inférieur à 30.

La Cour ordonne que ce nombre sera complété à l'aide des jurés supplémentaires.

Tirage du Jury

TIRAGE DU JURY DE JUGEMENT.

Appel général.   M. le Greffier, veuillez faire l'appel général de MM. les Jurés (A. 399 C. instr. cr.).

Placer dans l'urne, en présence des accusés, de leurs conseils et du Ministère public, les noms des jurés qui répondent à l'appel.

Interprète.   Vous jurez de traduire fidèlement les discours à transmettre entre personnes qui parlent des langages différents (A. 332 C. instr. cr.).

Interpellation à l'accusé.   Accusé, comment vous nommez-vous?

. Je vous préviens que je vais procéder au tirage au sort de ceux de MM. les Jurés qui devront vous juger. — Le nombre de MM. les Jurés étant de ...., vous pouvez en récuser..... Le Ministère public peut en récuser..... Vous pouvez exercer vos récusations soit par vous-même, soit par l'organe de votre conseil :

34.   36.   35.   33   32.   31.   30.
12-12.   12-11.   11-11.   11-10.   10-10.   10-9.   9-9.

Vous pouvez vous concerter entre vous pour exercer vos récusations.

Défenseurs.

Vous êtes-vous concertés pour l'exercice des récusations.

sations non
certées.

Division des récusations par le nombre des accusés ; si la division laisse un reste, ce reste profite au rang.

Tirage au sort du rang de chaque accusé.

Interpellation successive à chaque accusé, suivant son rang, de récuser le juré sorti, jusqu'à épuisement du nombre des récusations que le sort lui a attribuées.

Le Jury se compose de MM.....

a des jurés
pléants.

J'avertis en outre l'accusé et son conseil ainsi que le Ministère public que leur droit de récusation peut s'exercer aussi bien lors du tirage des noms des douze jurés du jury de jugement, que lors du tirage du nom du (*ou des*) juré suppléant.

Le Jury se compose de MM.....

OUVERTURE DE L'AUDIENCE.

Les jurés non récusés se placent sur leurs bancs dans l'ordre du tirage.

A l'Accusé. Accusé, levez-vous (A. 310 C. instr. cr.).
Comment vous nommez-vous ?
Votre âge ?
Votre profession ?
Où demeurez-vous ?
Où êtes-vous né ?

Interprète. Vous jurez de traduire fidèlement les discours à transmettre entre personnes parlant des langages différents ?

u Défenseur. Je vous rappelle les dispositions de l'art. 311 C. instr. cr.
Où vous ne pouvez rien dire contre votre conscience ni contre le respect dû aux lois ; et vous devez vous exprimer avec décence et modération.

SERMENT DES JURÉS.

Aux Jurés. Messieurs les Jurés, veuillez vous lever pour prêter le serment prescrit par la loi (A. 312 C. instr. cr.).

Vous jurez et promettez devant Dieu et devant les hommes d'examiner avec l'attention la plus scrupuleuse les charges qui seront portées contre N....., de ne trahir ni les intérêts de l'accusé, ni ceux de la société qui l'accuse, de ne communiquer avec personne jusqu'après votre déclaration ; de n'écouter ni la haine ou la méchanceté, ni la crainte ou l'affection ; de vous décider d'après les charges et les moyens de défense, suivant votre conscience et votre intime conviction, avec l'impartialité et la fermeté qui conviennent à un homme probe et libre.

A l'appel de son nom, chaque juré répond : *Je le jure.*

Je déclare le jury légalement constitué.

Audience.
Huis-clos.

3

Lecture. Accusé soyez attentif à ce que vous allez entendre.

Monsieur le Greffier va donner la lecture de l'arrêt de renvoi et de l'acte d'accusation qui vous concernent.

Au Greffier. Vous avez la parole, M. le Greffier.

Le greffier fait cette lecture à haute voix.

HUIS-CLOS.

Arrêt. Ouï le Ministère public en ses réquisitions.

Ouï l'accusé et son conseil en leurs observations.

Attendu que dans la cause actuelle, la publicité peut être dangereuse pour l'ordre et les bonnes mœurs.

Vu l'art. 81 de la Constitution du 4 novembre 1848, ainsi conçu :

81. — « Les débats sont publics, à moins que la pu-« blicité soit dangereuse pour l'ordre et les mœurs ; et , « dans ce cas, les Tribunaux le déclarent par un jugement. »

LA COUR ordonne que les débats auront lieu à huis-clos.

A l'Huissier. Huissier, faites retirer le public.

Après la lecture de l'arrêt de renvoi et de l'acte d'accusation :

A l'Accusé. N..... vous êtes accusé de..... (*Lire le résumé de l'acte d'ac-cusation, ou indiquer ce qu'il contient*).

Vous allez entendre les charges qui seront portées contre vous.

Exposé. M. le Procureur....., a la parole pour exposer le sujet de l'accusation.

(a) *Sont récusables* :

1° Ascendants et descendants de l'accusé;
2° Ses frères et sœurs et alliés au même degré;
3° Mari et femme de l'accusé, même après le divorce;
4° La partie civile;
5° Les dénonciateurs salariés par la loi;
6° Les condamnés à une peine afflictive;
7° Ceux auxquels un jugement a interdit de déposer en justice.

APPEL DES TÉMOINS.

Monsieur le Greffier, veuillez faire l'appel des témoins.

rtissement aux
noins.

J'ordonne aux témoins de se retirer dans la chambre qui leur est destinée. Ils n'en devront sortir que pour déposer. Je les avertis qu'ils ne peuvent conférer entre eux ni de l'affaire ni de l'accusé.

INTERROGATOIRE.

Accusé, levez-vous.

Le Président l'interroge.

Témoins.
Experts.

AUDITION DES TÉMOINS.

Huissier, faites entrer le 1ᵉʳ témoin.

Serment.

Levez la main droite :

Vous jurez de parler sans haine et sans crainte, de dire toute la vérité et rien que la vérité.
Dites : « *Je le jure.* »

Comment vous nommez-vous ?
Votre âge ?
Votre profession ?
Votre domicile ou résidence ?

Etes-vous parent ou l'allié de l'accusé ?
A quel degré (*a*) ?
Etes-vous attaché à son service ? Est-il attaché au vôtre ?

y a une partie
le.

Etes-vous parent, allié ou attaché au service de la partie civile ?

Asseyez-vous et dites ce que vous savez.

ès la déposition.

Est-ce de l'accusé ici présent que vous avez entendu parler ?

A l'Accusé.

Qu'avez-vous à répondre à la déposition du témoin ?

noin de moins 15 ans.
Au Jury.

MM. les Jurés, je vous avertis que ce témoin ne pouvant prêter serment à cause de son âge, sa déclaration ne doit être considérée que comme simple renseignement.

ture. — Pouvoir scrétionnaire.

En vertu de notre pouvoir discrétionnaire, nous ordonnons la lecture, à titre de simple renseignement, de la déclaration écrite de N....., témoin, *qui n'a pas comparu,*
Ou de la déclaration écrite de N..... *non assigné.*

lition d'un témoin non notifié récusé, si opsition.
Au Jury.

En vertu du pouvoir discrétionnaire qui nous est conféré par l'art. 268 C. instr. cr., nous ordonnons l'audition du sieur N.....

MM. les Jurés, le témoin ne prêtant pas serment, vous ne devez considérer sa déclaration que comme simple renseignement.

EXPERT.

ment d'un expert commis à udience.

Vous jurez de faire votre rapport et de donner votre avis en votre honneur et conscience (A. 44 C. instr. cr.)?

PIÈCES A CONVICTION.

Les représenter à l'accusé.

A l'Accusé.

Accusé, les reconnaissez-vous?

Les représenter aux témoins.

Au Témoin.

Témoin, les reconnaissez-vous?

(*a*) Si les questions sont le sujet d'explications de la part du Président, demander ensuite au défenseur s'il a des observations à présenter avant de clore les débats.

(*b*) Il y a nécessité de traduire les questions aux accusés ne parlant pas français (Cass., 2 mai 1878).

(*c*) Si le Président est fatigué, il peut faire lire les questions par l'un de ses assesseurs, ou même par le Greffier (Cass., 12 août 1858; B. cr., n° 227).

DÉBATS.

Partie civile.	La partie civile a la parole.
...nistère public.	M. le Procureur..... a la parole.
Avocat.	Le Conseil de l'accusé a la parole.
A l'Accusé.	Avez-vous quelque chose à ajouter à votre défense?
	Je déclare que les débats sont terminés (a).

...ée du huis-clos.	L'audience devient publique.
A l'Huissier.	Huissier, faites ouvrir les portes.

LECTURE DES QUESTIONS.

Débats.
Questions.
Verdict.

Au Jury.	MM. les Jurés, voici les questions sur lesquelles vous aurez à délibérer (a) (b).
	Le Président lit les questions (c).

INSTRUCTION AUX JURÉS.

Votre vote, MM. les Jurés, doit avoir lieu au scrutin secret. Votre décision se forme contre l'accusé à la majorité et votre déclaration doit constater cette majorité, sans que le nombre de voix puisse y être exprimé. Si, à la majorité, vous pensiez qu'il existe en faveur de l'accusé (ou des accusés) reconnu coupable d'un crime, des circonstances atténuantes, vous en feriez la déclaration en ces termes : A la majorité il y a des circonstances atténuantes en faveur de l'accusé N... (avec une déclaration spéciale pour chaque accusé au bénéfice duquel les circonstances atténuantes auraient été admises).

(*a*) Le Chef du Jury peut signer dans la salle des délibérations ou à l'audience, même après avoir lu le verdict; il n'y a donc pas à renvoyer le Jury, si la déclaration n'est pas signée avant d'être lue (Cass., 30 mars 1832). La date n'est pas exigée.

mise des ques-tions.	Le Président fait remettre la feuille des questions au Chef du Jury, y joint l'acte d'accusation, les procès-verbaux qui constatent le délit, et les pièces du procès autres que les déclarations écrites des témoins.
Chef du Jury.	M. le Chef du Jury, je dois vous avertir qu'avant de commencer la délibération, vous devrez donner lecture de l'instruction que vous trouverez affichée dans votre chambre; c'est la règle de vos devoirs.
A l'Huissier.	Huissier, veuillez conduire MM. les Jurés dans la salle de leurs délibérations.
a Gendarmerie.	Je donne l'ordre au Chef de la Gendarmerie de service d'en faire garder les issues.
a Gendarmerie.	Faites retirer l'accusé.

LE VERDICT.

ntrée du Jury.	M. le Chef du Jury, veuillez faire connaître à la Cour le résultat de votre délibération.
Chef du Jury t :	Sur mon honneur et ma conscience, la déclaration du Jury est :
onses irréguliè-s (a).	La Cour, après avoir entendu le Ministère public et le Conseil de l'accusé ;
Arrêt.	Attendu que...., Dit que le Jury se retirera à nouveau dans la chambre de ses délibérations pour régulariser (*ou compléter*) sa déclaration.
onses réguliè-s.	Le Président reçoit la réponse, la signe et la fait signer par le Greffier.
a Gendarmerie.	Faites rentrer l'accusé.
Au Greffier.	M. le Greffier, veuillez donner lecture de la déclaration du Jury.

on culpabilité.

Après la formule d'acquittement (p. 25).
N..... vous êtes libre.

Culpabilité.

M. le Procureur..... a la parole.

La parole est à la partie civile (A. 362).

Le Conseil de l'accusé a la parole.

A l'Accusé.

Accusé, avez-vous quelque chose à dire sur l'application de la peine?

La Cour se retire pour en délibérer.

l'Accusé après rrêt prononcé.

N....., vous avez trois jours francs pour vous pourvoir en cassation contre l'arrêt que vous venez d'entendre. Passé ce délai, vous n'y seriez plus recevable.

Gendarmerie.

Emmenez le condamné.

ORDONNANCE D'ACQUITTEMENT.

Vu la déclaration du jury portant que l'accusé N..... n'est pas coupable.

Vu l'art. 358 C. instr. cr., ainsi conçu :

358. — « Lorsque l'accusé aura été déclaré non coupable, « le Président prononcera qu'il est acquitté de l'accusation « et ordonnera qu'il soit mis en liberté, s'il n'est retenu « pour autre cause. »

Nous, Président de la Cour d'assises, en vertu des pouvoirs qui nous sont conférés par la loi.

Déclarons que N..... est acquitté de l'accusation, et ordonnons qu'il soit mis en liberté, s'il n'est retenu pour autre cause.

N..... vous êtes libre.

Vu l'art. 478 C. instr. cr. et la loi du 22 juillet 1867 sur la contrainte par corps :

478. — « Le contumax qui, après s'être représenté obtiendrait son renvoi de l'accusation, sera toujours condamné aux frais occasionnés par sa contumace. »

Voir ce mot, p. 43.

La Cour condamne N..... aux frais de sa contumace, et fixe à....., la durée de la contrainte par corps.

Acquittement.
Restitution.

RESTITUTION DES OBJETS SAISIS.

Arrêt. ..... Et attendu qu'aux termes de l'art. 366 C. instr. cr., la restitution aux propriétaires d'objets dont le détournement a donné lieu à une accusation de vols qualifiés, lesdits objets ayant été saisis comme pièces à conviction, doit, même en cas d'acquittement de l'accusé, être ordonnée par la Cour d'assises, lorsque le propriétaire est connu, et encore qu'il ne fasse aucune réclamation.

Vu l'art. 366 C. instr. cr., ainsi conçu :

366. — « Dans le cas d'absolution comme dans celui d'ac« quittement ou de condamnation....., la Cour ordonnera aussi « que les effets pris seront restitués au propriétaire. »

LA COUR ordonne que les objets saisis comme pièces à conviction seront restitués à leur propriétaire.

TÉMOIN DÉFAILLANT.

Condamnation.
Arrêt.

Ouï le Ministère public qui a requis que N....., témoin défaillant, bien que dûment cité à comparaître aujourd'hui *(ou qui a refusé de faire sa déposition)* fût condamné à l'amende.

Vu les art. 304 et 80 C. instr. cr. et la loi du 22 juillet 1867 sur la contrainte par corps, lesquels sont ainsi conçus :

304. — « Les témoins qui n'auront pas comparu sur la « citation du Président ou du juge commis par lui et qui n'au-« ront pas justifié qu'ils étaient légitimement empêchés, ou « qui refusent de faire leur déposition, seront jugés par la « Cour d'assises et punis conformément à l'art. 80. »

80. — « Toute personne citée pour être entendue en té-« moignage sera tenue de comparaître et de satisfaire à la « citation ; sinon, elle pourra y être contrainte par le juge « d'instruction, qui, à cet effet, sur les conclusions du Pro-« cureur de la République, sans autre formalité, ni délai, et « sans appel, prononcera une amende qui n'excèdera pas « 100 francs et pourra ordonner que la personne citée sera « contrainte par corps à venir donner son témoignage. »

Contrainte par corps. — V. p. 80 *(Inutile de lire les articles).*

La Cour, adoptant le motif exprimé par le Ministère public, condamne le témoin N..... à ..... francs d'amende et aux frais du présent arrêt.

Fixe à ..... la durée de la contrainte par corps.

Témoins.
Incidents.

On passe outre aux débats.
Arrêt.

(S'il y a huis clos, faire ouvrir les portes.) — Ouï le Ministère public, en ses réquisitions, l'accusé et son conseil en leurs observations.

Attendu que le Ministère public (l'accusé et son conseil) ne s'opposent pas à ce qu'il soit passé outre aux débats.

Attendu d'ailleurs que la présence du témoin non comparant n'est pas indispensable à la manifestation de la vérité.

La Cour ordonne qu'il sera passé outre aux débats.

(*a*) Les causes de renvoi sont illimitées (art. 406 C. instr. cr.).

LECTURE DE LA DÉCLARATION D'UN TÉMOIN.

En vertu du pouvoir discrétionnaire qui nous est conféré par l'art. 268 C. instr. cr.

Nous ordonnons qu'il soit donné lecture de la déclaration écrite du témoin N..... non comparant.

Ou qui n'a pas été produit aux débats.

Au JURY : MM. les Jurés, vous ne devez considérer cette lecture que comme simple renseignement.

RENVOI A UNE AUTRE SESSION (*a*).

Arrêt. Ouï le Ministère public en ses réquisitions.

Attendu (*que l'accusé est malade et hors d'état de soutenir les débats de l'audience*).

Ou que la production de documents nouveaux rend nécessaire une nouvelle information.

Ou que le témoin N..... ne comparaît pas quoique dûment cité, et que sa présence est indispensable à la manifestation de la vérité.

Vu les art. 354, 355, 80 C. instr. cr. (*et la loi du 22 juillet 1867 sur la contrainte par corps*), ainsi conçus :

354. — Lorsque l'*accusé* qui aura été cité *ne comparaîtra pas*, « la Cour « pourra, sur les réquisitions du Procureur général, et avant que les débats « soient ouverts par la déposition du premier témoin inscrit sur la liste, ren- « voyer l'affaire à la prochaine session. »

355. — Si, à raison de la non-comparution d'un témoin, « l'affaire est renvoyée à la session suivante, tous les frais de « citation, actes, voyages de témoins, et autres ayant pour « objet de faire juger l'affaire, seront à la charge de ce témoin, « et il y sera contraint même par corps, sur la réquisition « du Procureur général, par l'arrêt qui renverra l'affaire à la « session suivante ; le même arrêt ordonnera de plus que ce « témoin sera amené par la force publique devant la Cour « pour y être entendu. »

80. — « Toute personne citée pour être entendue en témoi- « gnage sera tenue de comparaître et de satisfaire à la cita-

« tion ; sinon elle pourra y être contrainte par le juge d'ins-
« tion qui, à cet effet, sur les conclusions du Procureur de la
« République, sans autre formalité ni délai, et sans appel,
« prononcera une amende qui n'excèdera pas 100 francs et
« pourra ordonner que la personne citée sera contrainte par
« corps à venir donner son témoignage. »

Contrainte par corps (Inutile de lire les articles).

La Cour renvoie l'affaire à la session suivante.

S'il s'agit d'un témoin défaillant. — Condamne N..... à .....
francs d'amende et aux frais du présent arrêt.

Le condamne en outre à payer tous les frais de citation,
actes, voyages de témoins et autres ayant pour objet de faire
juger de l'affaire.

Dit qu'il y sera contraint même par corps.

Fixe à ..... la durée de la contrainte par corps.

Ordonne de plus qu'il sera amené par la force publique
devant la Cour d'assises, pour y être entendu en témoignage.

(A) — *Le Président, ni la Cour ne peuvent refuser d'entendre les témoins ci-dessous* :

1° Témoin cité, mais non notifié, s'il n'y a pas d'opposition ;
2° Témoin ayant assisté aux débats ;
3° Témoin absent à l'ouverture des débats et qui se présente ensuite, *même si sa déposition dans l'instruction a été lue à l'audience*, même si celui qui l'a produit avait consenti, vu son absence, à passer outre aux débats.

Tous ces témoins sont acquis aux débats ; ils n'en peuvent sortir que par une renonciation *valable*. V. note *a* à la page ci-contre.

S'ils étaient écartés du débat sans cette renonciation, il en résulterait une nullité qui pourrait être couverte en entendant le témoin avec serment, avant la clôture des débats (même si ces témoins avaient été déjà entendus en vertu du pouvoir discrétionnaire du Président.

Le Président (ou la Cour en cas d'incident contentieux), *peut annuler le serment* d'un témoin à qui il l'a fait prêter par erreur.

AUDITION DES TÉMOINS (*A*).

Témoin idoine notifié cité ou non cité.	*Doit* toujours être entendu *avec serment* sauf renonciation valable (*a*). Peut n'être pas entendu......... ⎱ Ou être entendu *sans serment* ⎰ si renonciation valable (*a*). (pouvoir discrétionnaire).
Témoin idoine cité, mais non notifié.	*Doit* être entendu *avec serment* s'il n'y a pas d'opposition. Ne peut être entendu *sans serment* que si la partie qui l'a produit y renonce sans opposition de l'autre partie (*a*). *Si opposition*, ne doit pas être entendu *avec serment*, mais peut l'être *sans serment* (Pouvoir discrétionnaire).
Témoin reprochable cité et notifié (*b*).	Peut n'être pas entendu. Peut-être entendu *avec serment*, si pas opposition. *Si opposition*, ne peut être entendu que *sans serment*. Peut toujours être entendu *sans serment* (pouvoir discrétionnaire) même si pas opposition.
Témoin dans un cas d'incompatibilité (*c*).	Ne peut jamais être entendu, *même sans serment*.
Témoin mineur de 15 ans.	Peut être entendu *avec* ou *sans* serment, si pas d'opposition. *Si opposition*, ne peut être entendu que *sans* serment.

En cas d'incident, voir page 31 et note A de cette page.

(*a*) Pour que la renonciation soit valable il faut consentement du Ministère public, si appelé par l'accusé ; de l'accusé, si appelé par le Ministère public, de l'accusé et du Ministère public, s'il est appelé par la partie civile.

(*b*) Sont reprochables : la partie civile. — Ascendants et descendants de l'accusé ; frères et sœurs alliés au même degré ; mari et femme de l'accusé, même après le divorce. — Dénonciateurs récompensés directement par la loi. — Condamnés aux peines afflictives. — Interdits par jugement du droit de déposer.

(*c*) Magistrat faisant partie de la Cour ou du Parquet et siégeant dans l'affaire ; idem du greffier. — Interprète. — Juré siégeant dans l'affaire.

(A) — Au cas d'opposition à l'audition d'un témoin, le Président est compétent *s'il n'y a pas contestation* et s'il *fait droit à l'opposition*. Sinon, il doit donner la parole aux autres parties, et, dès lors, l'incident est contentieux et ne peut être vidé que par un arrêt de la Cour.

Le droit d'opposition aux témoignages n'est valable que s'il intervient avant la prestation de serment. Mais lorsqu'il s'agit d'un témoin incapable de déposer (privé de ce droit par suite de condamnation), l'opposition est recevable après le serment, mais avant l'audition. Le serment est alors annulé soit par le Président, soit par la Cour si l'incident est devenu contentieux.

Quant aux témoins que ni le Président ni la Cour ne peuvent écarter du débat, voir page précédente (page 30) la note *A*.

OPPOSITION A L'AUDITION D'UN TÉMOIN (1).

Arrêt.　　Attendu que l'accusé *(ou son conseil)* s'est opposé à l'audition du témoin N.....

Ouï le Ministère public.

Vu l'art. 322 C. instr. cr., ainsi conçu :

322. — « Ne pourront être reçues les dépositions : 1° *du*
« *père, de la mère,* de l'aïeul, de l'aïeule ou de tous autres
« ascendants de l'accusé ou de l'un des accusés présents et
« soumis aux mêmes débats ; 2° du fils, fille, petit-fils, petite-
« fille ou de tous autres descendants ; 3° des frères et sœurs ;
« 4° des alliés au même degré ; 5° du mari ou de la femme,
« même après le divorce prononcé ; 6° du dénonciateur dont la
« dénonciation est récompensée par la loi ; sans que l'audition
« des personnes sus-désignées puisse opérer nullité, lorsque,
« soit le Procureur général, soit la partie civile ou les accusés
« ne se seront pas opposés à ce qu'elles soient entendues. »

Ou bien : Vu les art. 28 et 34, n° 3, C. pén., ainsi conçus :

28. — « La condamnation à la peine des *travaux forcés à*
« *temps,* de la détention, de la *réclusion,* ou du bannissement,
« emportera la dégradation civique. »

34. — « La dégradation civique consiste : ...... 3° dans
« *l'incapacité..... de déposer en justice* autrement que pour y
« donner de simples renseignements. »

Ou bien : Vu l'art. 42 C. pén., ainsi conçu :

42. — « Les tribunaux jugeant correctionnellement pour-
« ront, dans certains cas, *interdire* en tout ou en partie,
« l'*exercice des droits* civiques, civils et de famille suivants :
« ..... 8° *de témoignage en justice* autrement que pour y faire
« de simples déclarations. »

Attendu que le témoin N....., est le *(degré de parenté)* de l'accusé.

Ou bien : a fait dans la cause une *dénonciation* pécuniaire-
ment récompensée par la loi.

(*a*) La Cour décide souverainement, en fait, si les irrégularités ont ou non apporté une entrave aux droits de la défense. La Cour peut, en pareil cas, ou passer outre à l'audition du témoin, ou déclarer qu'il ne sera pas entendu, ou renvoyer l'affaire à une autre session.

Ou bien : a été *condamné* définitivement à une peine entraînant contre lui *la dégradation civique.*

Ou bien : a été *privé* par jugement définitif en date du..... *du droit de déposer* comme témoin en justice.

Ou bien : s'est constitué *partie civile* dans l'affaire, et ne peut, à ce titre, conserver sa qualité de témoin.

LA COUR ordonne que N..... ne sera pas entendu sous la foi du serment.

AUDITION EN VERTU DU POUVOIR DISCRÉTIONNAIRE.

En vertu du pouvoir discrétionnaire qui nous est conféré par l'art. 268 C. instr. cr., nous ordonnons l'audition du témoin N..... à titre de simple renseignement.

Aux Jurés. MM. les Jurés, le témoin ne prêtant pas serment, vous ne devez considérer sa déclaration que comme simple renseignement.

TÉMOIN MAL DÉSIGNÉ DANS LA NOTIFICATION (*a*).

Ouï le Ministère public, l'accusé et son conseil.

Vu l'art. 315 C. instr. cr., lequel est ainsi conçu :

315. — « Cette liste sera lue à haute voix par le greffier. « Elle ne pourra contenir que les témoins dont les noms, « profession et résidence auront été notifiés 24 heures au « moins avant l'examen de ces témoins, à l'accusé par le « Procureur général ou la partie civile, et au Procureur général « par l'accusé, sans préjudice de la faculté accordée au Pré- « sident par l'art. 269. — L'accusé et le Procureur général « pourront, en conséquence, s'opposer à l'audition d'un témoin « qui n'aurait pas été clairement désigné dans l'acte de noti- « fication. La Cour statuera de suite sur cette opposition. »

Attendu que le témoin N....., quoique indiqué (*mentionner l'irrégularité*) n'en a pas moins été désigné clairement et d'une façon telle, que l'accusé n'*a pu être induit en erreur* sur son individualité.

LA COUR ordonne que le témoin N..... sera entendu.

Ou bien : Attendu que l'erreur commise dans la notification en désignant le témoin N..... comme (*mentionner l'erreur*) a été *de nature à tromper l'accusé* sur son individualité.

LA COUR ordonne que le témoin N..... ne sera pas entendu.

FAUX TÉMOIN.

Arrestation.

J'ordonne (*d'office ou sur la réquisition du Ministère public, de la partie civile, ou de l'accusé*) que le témoin N....., soit sur-le-champ mis en état d'arrestation, et qu'il soit placé dans l'auditoire sous la surveillance d'un gendarme, jusqu'à ce qu'il en soit autrement ordonné, la déposition de ce témoin paraissant fausse. (*Applicable seulement au témoin qui a déposé sous la foi du serment.*)

Arrestation maintenue.

Nous, Président de la Cour d'assises (*d'office ou sur la réquisition du Ministère public, de la partie civile ou de l'accusé.*)

Ordonnons qu'un mandat de dépôt sera décerné contre N.....

Commettons M....., l'un des magistrats siégeant aux présentes assises, pour remplir à son égard les fonctions de Juge d'instruction..

Ordonnons que, l'instruction terminée, les pièces de la procédure seront transmises à la Cour d'appel, pour être statué sur la mise en accusation.

TROUBLES. — DÉLITS ET CRIMES COMMIS A L'AUDIENCE.

I. — EXPULSION D'UN ACCUSÉ.

Loi du 9 septembre 1834, art. 10, 8 et 9.

Art. **10**. — « La Cour pourra faire retirer de l'audience
« et reconduire en prison tout prévenu qui par des cla-
« meurs ou par tout autre moyen propre à causer du
« tumulte, mettrait obstacle au libre cours de la justice,
« et dans ce cas, il sera procédé aux débats et au juge-
« ment comme il est dit aux deux articles précédents. »

Art. **8**. — « Au jour indiqué pour la comparution à
« l'audience, si les prévenus ou quelques-uns d'entre eux
« refusent de comparaître, sommation d'obéir à justice leur
« sera faite au nom de la loi par un huissier commis à
« cet effet par le Président de la Cour d'assises, et assisté
« de la force publique. L'huissier dressera procès-verbal
« de la sommation et de la réponse des prévenus. »

Art. **9**. — « Si les prévenus n'obtempèrent point à la
« sommation, le Président pourra ordonner qu'ils soient
« amenés par la force devant la Cour; il pourra également,
« après lecture faite à l'audience du procès-verbal cons-
« tatant leur résistance, ordonner que, nonobstant leur
« absence, il soit passé outre aux débats. »

Après chaque audience, il sera, par le greffier de la Cour
d'assises, donné lecture aux prévenus qui n'auront point

Troubles.

(*a*) Le Tribunal peut statuer sur l'outrage après le jugement de l'affaire à l'occasion de laquelle il a été commis, pourvu qu'il ne s'occupe d'aucune autre affaire. Cass., 8 déc. 1849.

Si le prévenu se retire immédiatement, il doit être jugé par défaut. Cass., 4 mai 1888.

comparu, du procès-verbal des débats, et il leur sera
signifié copie des réquisitoires du Ministère public, ainsi
que des arrêts rendus par la Cour, qui seront tous réputés
contradictoires.

II. — EXPULSION D'UN ASSISTANT.

Si le Président fait expulser un assistant, que celui-ci résiste ou revienne,
le Président ordonne l'arrestation et l'emprisonnement pour 24 heures.

Art. **504** C. instr. cr. — « Lorsque à l'audience, ou en
« tout autre lieu où se fait publiquement une instruction
« judiciaire, l'un ou plusieurs des assistants donneront
« des signes publics soit d'approbation, soit d'improbation,
« ou exciteront du tumulte, de quelque manière que ce
« soit, le Président ou le juge les fera expulser; s'ils résistent
« à ses ordres, ou s'ils rentrent, le Président ou le juge
« ordonnera de les arrêter et conduire dans la maison
« d'arrêt. Il sera fait mention de cet ordre dans le procès-
« verbal, et, sur l'exhibition qui en sera faite au gardien
« de la maison d'arrêt, les perturbateurs y seront reçus et
« détenus pendant 24 heures. »

III. — DÉLIT CONTRAIRE AU RESPECT
DÛ AUX TRIBUNAUX.

Procès-verbal et application immédiate de la peine (a).

Art. **505** C. instr. cr. — « Lorsque le tumulte aura été
« accompagné *d'injures ou voies de fait* donnant lieu à
« l'application ultérieure de peines correctionnelles ou de
« police, ces peines pourront être, séance tenante, et immé-
« diatement après que les faits auront été constatés, pro-
« noncées, savoir : celles de simple police, sans appel, de
« quelque tribunal ou juge qu'elles émanent; et celles de
« police correctionnelle, à la charge de l'appel, si la con-
« damnation a été portée par un tribunal sujet à appel, ou
« par un juge seul. »

(*a*) Voir la note *a* à la page précédente.

IV. — AUTRE DÉLIT.

Procès-verbal et application immédiate de la peine (*a*) — *ou bien* Procès-verbal et renvoi pour qu'il soit statué ultérieurement par le Tribunal correctionnel.

Art. **181** C. instr. cr. — « S'il se commet un délit « correctionnel dans l'enceinte et pendant la durée de l'au- « dience, le Président dressera procès-verbal du fait, enten- « dra le prévenu et les témoins, et le Tribunal appliquera « sans désemparer les peines prononcées par la loi. Cette « disposition aura son exécution pour les délits correction- « nels commis dans l'enceinte et pendant la durée des « audiences de nos cours, et même du Tribunal civil, sans « préjudice de l'appel de droit des jugements rendus dans « ces cas par les Tribunaux civils ou correctionnels. »

V. — CRIME.

Procès-verbal et application immédiate de la peine par la Cour d'assises sans Jury.

Art. **507** C. instr. cr. — « A l'égard des voies de fait « qui auraient dégénéré en crime, ou de tous autres crimes « flagrants et commis à l'audience de la Cour de cassation, « d'une Cour d'appel ou d'une Cour d'assises, la Cour « procédera au jugement de suite et sans désemparer. — « Elle entendra les témoins, le délinquant et le Conseil « qu'il aura choisi ou qui lui aura été désigné par le « Président, et, après avoir constaté les faits et ouï le « Procureur général ou son substitut, le tout publiquement, « elle appliquera la peine par un arrêt qui sera motivé. »

(*a*) Voir la note *a*, page 35.

VI. — OUTRAGES A MAGISTRAT.

Procès-verbal et application immédiate de la peine, *ou bien* Procès-verbal et renvoi pour qu'il soit statué ultérieurement par le Tribunal correctionnel (*a*).

Art. **181** C. instr. cr. — Voir page 36 ci-dessus. — Art. **222** et **223** C. pén.

Art. **222**. — « Lorsqu'un ou plusieurs magistrats de l'ordre « administratif ou judiciaire..... auront reçu dans l'exercice « de leurs fonctions ou à l'occasion de cet exercice, quel- « que outrage par paroles, par écrit ou dessin non rendus « publics, *tendant* dans ces divers cas *à inculper leur hon-* « *neur ou leur délicatesse,* celui qui leur aura adressé cet « outrage sera puni d'un emprisonnement de quinze jours à « deux ans. — *Si l'outrage* par paroles *a eu lieu à l'au-* « *dience* d'une Cour ou d'un Tribunal, l'emprisonnement « sera de deux à cinq ans. »

Art. **223**. — « *L'outrage fait par gestes ou menaces* à « un magistrat..... dans l'exercice ou à l'occasion de l'exercice « de ses fonctions, sera puni d'un mois à six mois d'em- « prisonnement : et *si l'outrage a eu lieu à l'audience* d'une « Cour ou d'un Tribunal, il sera puni d'un emprisonnement « d'un mois à deux ans. »

VII. — VIOLENCES A MAGISTRAT.

Mêmes observations que pour VI.

Art. **181** C. inst. cr. V° page 36.
Art. **228, 229, 231, 232, 233** C. pén. V° page 120.

(*a*) En ce qui touche le témoin, la peine ne pourrait être appliquée par une autre Cour d'assises ou un Tribunal, si la Cour n'en avait fait la réserve expresse à l'audience, l'injure ou la diffamation étant alors réputée être le simple exercice du droit de défense.

VIII. — INJURES OU DIFFAMATION ENVERS UN JURÉ OU UN TÉMOIN.

Procès-verbal et application immédiate en vertu de l'art. 181 C. instr. cr. — Pas d'intervention du jury. — Pas de plainte à porter par le juré ou le témoin outragé (a).

Art. **181** C. inst. cr. V° page 36.

Art. **30, 31** de la loi du 29 juillet 1881.

Art. **30.** — « La diffamation commise par l'un des moyens « énoncés en l'art. 23 et en l'art. 28 envers les Cours, les « Tribunaux, les armées de terre ou de mer, les corps consti- « tués et les administrations publiques, sera punie d'un empri- « sonnement de huit jours à un an et d'une amende de 100 à « 300 francs ou de l'une de ces deux peines seulement. »

Art. **31.** — « Sera punie de la même peine la diffamation « commise par les mêmes moyens, à raison de leurs fonctions « ou de leur qualité envers un ou plusieurs membres du Minis- « tère, un ou plusieurs membres de l'une ou de l'autre « Chambre, un fonctionnaire public, un dépositaire ou agent « de l'autorité publique, un ministre de l'un des cultes « salariés par l'État, un citoyen chargé d'un service ou d'un « mandat public temporaire ou permanent, un juré ou un « témoin, à raison de sa déposition. »

IX. — TROUBLE PAR HUISSIER OU AVOCAT.

Art. **89** et **90** du Code de procédure civile.

X. — FAUTE DISCIPLINAIRE DE L'AVOCAT.

Art. **311** C. instr. cr., **43** et **18** de l'Ordonnance du 20 novembre 1822 et **41** de la loi du 29 juillet 1881.

Art. **311** C. instr. cr. — « Le Président avertira le conseil « de l'accusé qu'il ne peut rien dire contre sa conscience « ou contre le respect dû aux lois, et qu'il doit s'exprimer « avec décence et modération. »

Art. **43** de l'Ordonnance du 20 novembre 1822. — « Toute
« attaque qu'un avocat se permettrait de diriger dans ses
« plaidoiries ou dans ses écrits contre la religion, les prin-
« cipes de la monarchie, la charte, les lois du royaume ou les
« autorités établies, sera réprimée immédiatement, sur les
« conclusions du Ministère public, par le Tribunal saisi de
« l'affaire, lequel prononcera l'une des peines prescrites par
« l'art. 18, sans préjudice des poursuites extraordinaires, s'il
« y a lieu. »

Art. **18.** — « Les peines de discipline sont : l'avertisse-
« ment, la réprimande, l'interdiction temporaire, la radiation
« du tableau. L'interdiction temporaire ne peut excéder le
« terme d'une année. »

Art. **41** de la loi du 29 juillet 1881. — « Ne donneront
« lieu à aucune action en diffamation, injure ou outrage, ni
« le compte-rendu fidèle fait de bonne foi, des débats judi-
« ciaires, ni les discours prononcés, ou les écrits produits
« devant les Tribunaux. — Pourront, néanmoins, les juges
« saisis de la cause, et statuant sur le fond, prononcer la
« suppression des discours injurieux, outrageants et diffa-
« matoires, et condamner qui il appartiendra à des dom-
« mages-intérêts. Les juges pourront aussi, dans le même
« cas, faire des injonctions aux avocats et officiers minis-
« tériels *et même les suspendre de leurs fonctions.* La
« durée de cette suspension ne pourra excéder deux mois,
« et six mois en cas de récidive dans l'année. — Pourront,
« toutefois, les faits diffamatoires étrangers à la cause,
« donner ouverture soit à l'action publique, soit à l'action
« civile des parties, *lorsque ces actions leur auront été*
« *réservées par les Tribunaux,* et, dans tous les cas, à
« l'action civile des tiers. »

(*A*) C'est le *Président qui pose les questions nouvelles* résultant des débats, d'office, ou sur la provocation du *Ministère public*, de l'accusé, *des assesseurs ou des jurés*.

S'il s'élève un contentieux, la Cour statue :

1° Le Président *ne peut introduire* à la charge des accusés *aucun fait nouveau*.
> Cass., 11 janv. 1834. Bulletin, n° 15.
> Cass., 9 juill. 1835. Bulletin, n° 280.

Même si ce fait est connexe au premier. Cass., 14 nov. 1822. Bulletin, n° 165.

2° Le Président doit poser les *circonstances aggravantes* résultant des débats (art. 338, C. instr. crim.) et cela *même* si ces circonstances *ont été écartées par la Chambre d'accusation*.
> Cass., 10 déc. 1812. Bulletin, n° 263.
> Cass., 2 janv. 1829. Bulletin, n° 2.
> Cass., 19 août 1830. Pal., 1830, p. 767.
> Cass., 11 juin 1841. Bulletin, n° 174.
> Ass. des Deux-Sèvres, 15 mai 1849. Pal., t. 55, p. 71.

Contrà, si la Chambre d'accusation a écarté la circonstance aggravante par un *motif de droit*. Cass., 11 juin 1841. Bulletin, n° 174.

3° Le Président doit interroger sur les *circonstances atténuant* la *gravité du crime*. — Argument tiré de l'art. 338.

4° Le Président peut poser un subsidiaire *rectifiant la date* du crime.
> Cass., 11 janv. 1851. Bulletin, n° 21.
> Cass., 4 déc. 1856. Bulletin, n° 386.
> Cass., 17 janv. 1884. Bulletin, n° 15.

5° Si *crime consommé*, le Président peut poser le subsidiaire de *tentative*. Jurisprudence constante. V. Cass., 8 janv. 1852. Bulletin, n° 5.
> Cass., 31 mai 1866. Bulletin, n° 139.

6° Si *coauteur*, on peut poser le subsidiaire de *complice*. Jurisprudence constante. V. Cass., 27 janv. 1865. Bulletin, n° 2; même de *complice par recel*.
> Cass., 20 juin 1811. Sir. C. N., 3.366.
> Ass. des Deux-Sèvres, 15 mai 1849. Pal., t. 55, p. 71.
> Cass., 29 sept. 1887. Bulletin, n° 348.

7° Si *complice par aide ou assistance*, on peut poser le subsidiaire de *complice pour avoir fourni des instruments*. Cass., 2 mars 1827. Sir. C. N., 8.540; de *complice par provocation*. Cass., 4 juin 1840. Dall. 40.1.420.

8° Si *complice par recel*, on peut poser le subsidiaire de *complice par aide ou assistance*. Cass., 4 févr. 1819. Dall., v° *Instr. crim.*, n. 2514.

9° Si *complice de vol*, on peut poser le subsidiaire de *coauteur*. Cass., 19 juin 1829. Pal., t. 22, p. 1150.

I. — QUESTION SUBSIDIAIRE RÉSULTANT DES DÉBATS (4).

REFUS DE POSER LA QUESTION.

Arrêt.

Ouï le Ministère public en ses réquisitions.

Ouï l'accusé et son conseil en leurs observations.

Attendu qu'il ne s'agit pas dans l'espèce d'un fait d'excuse admis comme tel par la loi.

Que, hors ce cas, la position de la question est facultative et abandonnée à l'appréciation de la Cour.

Attendu que les débats ne justifient pas la position de la question réclamée par le conseil de l'accusé.

La Cour dit que la question ne sera pas posée au jury.

Nota. On trouvera en note, en regard des textes du Code pénal réprimant les crimes, la liste des questions subsidiaires qui peuvent ou ne peuvent être posées, d'après la jurisprudence.

II. — EXCUSES.

Le Président est *obligé* de poser une question d'excuse *légale* si la demande lui en est faite, avant que le jury se soit retiré pour délibérer, par l'accusé ou le Ministère public (Art. 339 C. instr. cr.).

Le Président *peut* poser d'office une question d'excuse résultant des débats.

En cas de contentieux, il faut un arrêt de la Cour.

REFUS DE POSER UNE QUESTION D'EXCUSES. — ARRÊT.

Question subsidiaire. Excuses.

Vu les conclusions prises à cette audience par l'accusé (*ou le Ministère public*) tendant à ce qu'il soit posé au jury, comme excuse, la question de.....

Ouï l'accusé et son défenseur, ainsi que le Ministère public en leurs observations.

Attendu que l'accusation déférée actuellement au jury est celle de....., avec les circonstances de.....

Faits d'excuse qui doivent être posés.

1° *Assassinat. Meurtre. Coups.* — *Excuse de provocation.* Art. 321-324, v°
p. 87. — Cass., 10 mars 1826. Bulletin, n° 45. — Cass., 6 juill. 1826. Bulletin,
n° 135. — Cass., 22 sept. 1836. Bulletin, n° 311. — Cass., 14 juin 1855. Bulletin,
n° 210. *V. n° 8 ci-dessous.*

2° *Association de malfaiteurs.* — *Fait d'avoir révélé l'entente ou l'existence de
l'association.* Art. 266, § 3, v° p. 91.

3° *Séquestration.* — *Avoir remis la victime en liberté avant le dixième jour.* Art.
343, v° p. 105. — Cass., 24 avr. 1841. Bulletin, n° 116.

4° *Fausse monnaie.* — *Fabrication, altération, émission de fausse monnaie française.* — Excuse de *révélation des auteurs.* Art. 138, v° p. 106, note *c.* — Cass.,
22 juill. 1847. Bulletin, n° 156. — Cass., 24 sept. 1857. Bulletin, n° 349.

*Fausse monnaie française et étrangère reçue pour bonne et émise après en avoir
constaté les vices (réunion de ces deux conditions).* Art. 135, § 1, v° p. 106. — Cass.,
1er oct. 1857. Bulletin, n° 357. — Cass., 23 févr. 1860. Bulletin, n° 149. —
Cass., 4 avr. 1878. Bulletin, n° 90.

5° *Destruction d'édifice.* — Fait d'avoir *révélé le fait, et les auteurs.* Art. 435,
§ 3, p. 116.

6° *Rébellion en bande.* — *Excuse des art. 100, 213,* C. pén., v° p. 118.

7° *Violences à agent.* — Bien que la *provocation* ne soit pas une excuse ici,
cependant la Cour doit poser la question, si la *qualité d'agent est posée comme
aggravante,* le jury pouvant écarter cette qualité. — Cass., 26 déc. 1856. Bulletin,
n° 405.

8° *Meurtre, assassinat, coups, commis par un fonctionnaire.* — *Excuse de l'art.*
186. — Cass., 5 déc. 1822. Bulletin, n° 172. — Cass., 14 oct. 1825. Bulletin,
n° 206. — Cass., 14 janv. 1869. Bulletin, n° 13.

Faits d'excuse qui ne doivent pas être posés.

Voir note page suivante.

Que ce crime est prévu et réprimé par les art..... C. pén.

Que les faits sur lesquels porte la réquisition de l'accusé (*ou du Ministère public*) ne sont pas compris dans ceux que la loi pénale prévoit et admet comme constituant des excuses.

Que ceux-là seuls pouvant modifier la peine afférente au crime doivent être soumis au jury :

Vu les art. **339** C. instr. cr., et **65** C. pén., ainsi conçus :

Art. **339** C. instr. cr. — « Lorsque l'accusé aura proposé « pour excuse un fait admis comme tel par la loi, le président « devra, à peine de nullité, poser la question ainsi qu'il suit : « Tel fait est-il constant. »

Art. **65** C. pén. — « Nul crime ou délit ne peut être « excusé, ni la peine mitigée, que dans le cas et dans les « circonstances où la loi déclare le fait excusable, ou permet « de lui appliquer une peine moins rigoureuse. »

La Cour, après en avoir délibéré,

Dit que la question d'excuse ne sera pas posée au Jury.

PEINES EN CAS D'EXCUSE DÉCLARÉE.

Art. **326** C. pén. — « Lorsque le fait d'excuse sera « prouvé, s'il s'agit d'un crime emportant *la peine de mort*, « ou celle des *travaux forcés à perpétuité*, ou celle de la « *déportation*, la peine sera réduite d'un an à cinq ans.

« S'il s'agit de *tout autre crime*, elle sera réduite à un « emprisonnement de six mois à deux ans.

« Dans ces deux premiers cas, les coupables pourront de « plus être mis sous la *surveillance de la haute police* pendant « cinq ans au moins et dix ans au plus » (V° *Interdiction de séjour*, p. 46·.

S'il s'agit d'*un délit*, la peine sera réduite à un emprisonnement de six jours à six mois.

Nota. Il faut autant de questions d'excuse qu'il y a de chefs d'accusations sur lesquels porte l'excuse (Cass., 29 mai 1857. Bulletin, n° 210).

Non sur Excuse doit être prononcé *à la majorité* (Cass., 25 septembre 1891. Bulletin, n° 192).

Faits d'excuse qui ne doivent pas être posés.

1° *Démence.* — Cass., 13 mars 1873. Bulletin, n° 66. — Cass., 16 sept. 1875. Bulletin, n° 293.

2° *Interdiction.* — Cass., 5 sept. 1828. Pal., t. 22, p. 270.

3° *Ivresse.* — Cass., 23 avr. 1824. Bulletin, p. 175.

4° *Légitime défense.* — Cass., 24 déc. 1875. Bulletin, n° 364. — Cass., 25 mars 1886. Bulletin, n° 127.

5° *Contrainte irrésistible.*

6° *Obéissance à la loi.*

7° *Meurtre. Coups.* — *Provocation par paroles et voies de fait (sans indiquer qu'ils sont graves, etc.).* — Cass., 22 janv. 1852. Bulletin, n° 29. — Cass., 29 juin 1859. Bulletin, n° 159. — *L'imputation d'un fait calomnieux attribuée par la victime à l'accusé.* — Cass., 27 févr. 1813. Bulletin, n° 40.

8° *Coups par un individu à son conjoint.* — *Excuse de violences exercées par son conjoint.* — Cass., 19 janv. 1838. Sir. 38.1.126.

9° *Infanticide.* — *Excuse de violences graves exercées sur sa personne,* par l'auteur de la grossesse au moment de la conception. — Cass., 30 août 1855. Bulletin, n° 307.

10° *Suppression d'enfant.* — *Non viabilité de l'enfant.* — Cass., 26 juill. 1849. Bulletin, n° 180.

11° *Faux.* — *Alléguer qu'on est créancier du montant de la somme dont le mandat a été falsifié.* — Cass., 6 oct. 1853. Bulletin, n° 495.

12° *Faux témoignage.* — *Alléguer que le témoin ne pouvait dire la vérité sans se nuire.* — Cass., 15 mars 1866. Bulletin, n° 70.

13° *Fausse monnaie.* — *Avoir reçu la pièce pour bonne (sans autre circonstance).* — Cass., 20 avr. 1860. Bulletin, n° 104. — Cass., 28 juill. 1864. Bulletin, n° 201. V° n° 4, note, page précédente.

14° *Violence à agent.* — *Provocation.* — Cass., 29 nov. 1855. Bulletin, n° 377. — Cass., 25 avr. 1857. Bulletin, n° 170. Voir cependant n° 7 de la page précédente.

15° *Pillage.* — *Entraîné par autrui.* — Cass., 14 déc. 1850. Bulletin, n° 421.

INTERPRÈTE.

Il est bon de désigner l'interprète et de l'assermenter avant l'appel général qui précède le dépôt dans l'urne des noms des Jurés à tirer au sort (Cass., 17 janvier 1856).

Serment. Vous jurez de traduire fidèlement les discours à transmettre entre ceux qui parlent des langages différents (Art. 332 C. instr. cr.).

...uctions obliga-
...es.

Au Témoin.   Formule du serment des témoins (Cass., 4 juin 1863).

A l'Accusé.   Déposition du témoin.

A l'Accusé.   Réponse du témoin à une interpellation sur un fait contesté.

A l'Accusé.   Dépositions des témoins lues à l'audience.

A l'Accusé.   Questions (Cass., 2 mai 1878).

A l'Accusé.   Déclaration du Jury.

À l'Accusé.   Réquisitions du Ministère public sur la peine.

A l'Accusé.   Réquisitions de la partie civile sur les dommages-intérêts.

A l'Accusé.   Interpellation à l'accusé sur l'application de la peine.

A l'Accusé.   Arrêt de condamnation.

A l'Accusé.   Avertissement sur le droit et le délai du pourvoi.

Interprète.

43

CONTUMACE.

ORDONNANCE DE SE REPRÉSENTER.

Nous Président de la Cour d'assises du département de.....
Vu les art. 465 et 466 C. instr. cr.

Vu l'arrêt de mise en accusation rendu le....., par la Cour d'appel de..... portant ordonnance de prise de corps contre le nommé (*nom, prénoms, profession, domicile*), né le..... à....., actuellement en fuite, demeurant en dernier lieu à....., commune de..... (*ou* sans résidence, ni domicile connus en France), accusé d'avoir.....

Vu l'acte d'accusation qui a été rédigé le....., en conséquence dudit arrêt, et l'acte au rapport de....., huissier près le Tribunal civil de....., constatant que lesdits arrêt et acte d'accusation ont été notifiés le..... au dernier domicile de l'accusé (*ou* au parquet de M. le Procureur général près la Cour d'appel de....., et affichés à la principale porte de la Cour d'assises).

Attendu qu'il s'est écoulé plus de dix jours depuis cette notification sans que ledit N..... se soit constitué prisonnier.

Ordonnons, en exécution de l'art. 465, C. instr. cr. audit... (*nom, prénoms*), accusé de....., de se représenter dans un nouveau délai de dix jours, devant la Cour d'assises du département de....., pour y être jugé sur ladite accusation, et, à cet effet, de se mettre en arrestation dans la maison de justice établie près ladite Cour.

A défaut, étant déclaré rebelle à la loi, suspendu de l'exercice de ses droits de citoyen, ses biens seront séquestrés pendant l'instruction de la contumace : toute action en justice lui est interdite pendant le même temps, et il sera procédé contre lui, malgré son absence, conformément à la loi.

Déclarons en outre que toute personne est tenue d'indiquer le lieu où se trouve ledit.....

Disons que la présente ordonnance sera publiée à son de trompe ou de caisse, le plus prochain dimanche, et affichée

à la porte dudit X....., à....., commune de....., lieu de son dernier domicile, à celle de la mairie de ladite commune de..... et à celle de l'auditoire de la Cour d'assises.

Qu'il sera adressé copie de la présente ordonnance à M. le Directeur de l'enregistrement et des domaines du domicile dudit contumace.

Fait au Palais de justice à....., le.....

Le Président des assises du.....

ARRÊT DE CONTUMACE.

Arrêt préparatoire. Vu l'arrêt de mise en accusation et de renvoi rendu par la Cour d'appel de ....., à la charge de N.....

Vu l'ordonnance de prise de corps decernée contre lui et insérée dans le même arrêt.

Vu l'acte de notification de l'ordonnance ayant pour objet la représentation dudit N..... et le procès-verbal dressé pour en constater la publication et l'affiche.

Ouï M..... portant la parole au nom de M. le Procureur général.

La Cour déclare la procédure régulière et conforme à la loi.

Ordonne qu'il soit donné lecture des procès-verbaux, informations, acte d'accusation et autres pièces du procès.

Arrêt définitif. Ouï le Ministère public en ses réquisitions.

Attendu que des pièces de la procédure résulte la preuve que N..... s'est rendu coupable de.....

Vu les art. ..... (*spéciaux au crime*) du Code pénal, 472, 365, 368 C. instr. cr., ainsi conçus :

Art. (*spéciaux au crime*).

472. — « Extrait du jugement de condamnation sera, « dans les huit jours de la prononciation, à la diligence du « Procureur général ou de son substitut, inséré dans l'un « des journaux du département du dernier domicile du « condamné. Il sera affiché, en outre : 1° à la porte de ce « dernier domicile; 2° de la maison commune du chef-lieu « d'arrondissement où le crime a été commis; 3° du prétoire

« de la Cour d'assises. Pareil extrait sera, dans le même
« délai, adressé au Directeur de l'administration de l'enre-
« gistrement et des domaines du domicile du contumax.
« Les effets que la loi attache à l'exécution par effigie seront
« produits à partir de la date du dernier procès-verbal
« constatant l'accomplissement de la formalité de l'affiche
« prescrite par le présent article.

365. — « En cas de conviction de plusieurs crimes ou délits, la peine la
« plus forte sera seule prononcée. »

368. — « L'accusé ou la partie civile qui succombera sera
« condamné aux frais envers l'État et envers l'autre partie. »

55 C. pén. — « Tous les individus condamnés pour un même crime ou
« pour un même délit seront tenus solidairement des amendes, des restitutions,
« des dommages-intérêts et des frais. »

En exécution de ces dispositions de loi, LA COUR, après
en avoir délibéré, condamne N..... à ......

Le condamne (*ou les condamne solidairement*) aux frais envers
l'État.

Ordonne qu'à la diligence de M. le Procureur ....., le présent arrêt sera mis à exécution ; qu'il sera imprimé par extrait
et affiché partout où besoin sera, conformément à la loi ;
qu'extrait dudit arrêt sera, dans la huitaine de la prononciation, inséré dans l'un des journaux du département du dernier
domicile du condamné ; qu'il sera, en outre, affiché à la porte :
1° de ce dernier domicile ; 2° de la maison commune du chef-
lieu de l'arrondissement où le crime a été commis ; 3° du prétoire de la Cour d'assises. Que pareil extrait sera, dans le
même délai, adressé au Directeur de l'administration de l'enregistrement et des domaines du domicile du contumax.

(*a*) La Cour statue *en audience publique* sans l'assistance du jury.

46

CONTUMACE REPRIS.

I. — ARRÊT D'IDENTITÉ.

Nécessaire seulement si l'accusé conteste cette identité (a).

Attendu que l'accusé comparant à la barre, assisté de M°
X....., son avocat, conteste être le nommé ....., condamné par
contumace sous les noms de ..... par la Cour d'assises à la
date du .....

Attendu que M. le Procureur général a demandé à la Cour
qu'il fût procédé à l'audition des témoins qu'il a fait citer pour
établir cette identité.

Attendu que les témoins sus-indiqués ont, en audience publique, après avoir prêté le serment prescrit par l'art. 317 C.
instr. cr., été entendus séparément et successivement et ont
déclaré :

1° Écrire les déclarations des témoins avec leurs noms, prénoms, âge, profession, domicile.
2° .....

Ouï le Ministère public en ses conclusions, l'accusé et son
conseil qui ont eu la parole les derniers.

Attendu qu'il résulte de l'enquête et des renseignements
fournis à cette audience que le nommé ..... présent à la barre,
est bien le nommé ....., condamné par contumace sous les
noms de ..... par arrêt de la Cour d'assises du ..... en date
du .....

Vu les art. 518 et 519 C. instr. cr., ainsi conçus :

518. — « La reconnaissance de l'identité d'un individu
« condamné, évadé et repris, sera faite par la Cour qui aura
« prononcé sa condamnation. Il en sera de même de l'identité
« d'un individu condamné à la déportation ou au bannisse-
« ment, qui aura enfreint son ban et sera repris; et la Cour,
« en prononçant l'identité, lui appliquera, de plus, la peine
« attachée par la loi à son infraction. »

519. — « Tous ces jugements seront rendus sans assis-
« tance de jurés, après que la Cour aura entendu les témoins
« appelés tant à la requête du Procureur général qu'à celle de
« l'individu repris, si ce dernier en a fait citer. L'audience

« sera publique, et l'individu repris sera présent à peine de
« nullité. »

La Cour déclare qu'il y a identité entre l'individu présent
à la barre et celui condamné par contumace le ....., sous le
nom de .....

Et vu l'art. 368 C. instr. cr., le condamne envers l'État aux
frais liquidés à .....

II. — ARRÊT DE NON IDENTITÉ.

Attendu qu'il n'est pas suffisamment établi par les dépositions des témoins et les renseignements fournis à la Cour
qu'il y ait identité entre le n^e..... présent à la barre et le
n^e....., condamné par contumace par arrêt de la Cour
d'assises du....., en date du.....

La Cour déclare qu'il n'y a point identité, quant à présent, entre ..... et .....

Ordonne, en conséquence, que le S^r....., accusé ici présent,
sera mis en liberté, s'il n'est retenu pour autre cause.

(a) *Pour qu'il y ait absolution*, *il faut :*

1° Que l'accusé soit déclaré coupable;
2° Qu'aucune peine ne puisse lui être appliquée.

Exemples : Défaut de discernement, C. pén., art. 66.
               Prescription.
               Excuse légale de l'art. 138, C. pén. (fausse monnaie).
               Excuse légale de l'art. 266, § 3, C. pén. (associations de malfaiteurs).
               Excuse légale de l'art. 435, § 3, C. pén. (destruction d'édifices).
               Excuse légale de l'art. 213 et 100 (rébellion, bandes armées).

ABSOLUTION (*a*).

Arrêt.   Vu la déclaration du Jury portant que N..... est coupable de.....

Ouï le Ministère public en ses réquisitions.

Ouï le conseil de l'accusé en ses observations et l'accusé lui-même qui a eu la parole le dernier.

Vu les art. *(spéciaux au crime et à l'excuse s'il y a lieu).*

Attendu que le fait dont N..... est déclaré coupable n'est puni par aucune loi pénale (*ou est prescrit*).

Attendu, néanmoins, que ce fait qui a donné lieu à des poursuites a occasionné des frais qui ne doivent pas rester à la charge du Trésor public.

Vu les art. 364, 368 C. instr. cr., 1382 C. civ., **55** C. pén., et la loi du 22 juillet 1857 sur la contrainte par corps, ainsi conçus :

364. — « La Cour prononcera l'absolution de l'accusé, si « le fait dont il est déclaré coupable n'est pas défendu par « une loi pénale. »

1382. — « Tout fait quelconque de l'homme qui cause « à autrui un préjudice oblige celui par la faute duquel il « est arrivé à le réparer. »

368. — « L'accusé ou la partie civile qui succombera sera « condamné aux dépens envers l'État et envers l'autre « partie. »

55. — « Tous les individus condamnés pour un même crime ou pour un « même délit, seront tenus solidairement des amendes, des restitutions, des « dommages-intérêts et des frais. »

Contrainte par corps (*Inutile de lire les articles*).

Après avoir délibéré,

Lᴀ Cᴏᴜʀ déclare N..... absous de l'accusation,

Ordonne, en conséquecne, qu'il soit mis en liberté s'il n'est retenu pour autre cause.

Le condamne (*ou les condamne solidairement*) aux frais envers l'État.

Fixe à..... la durée de la contrainte par corps.

A l'Accusé.   Vous avez trois jours francs pour vous pourvoir en cassation contre cet arrêt. Passé ce délai, vous n'y seriez plus recevable.

N..... vous êtes libre.

MINEUR DE 16 ANS ACQUITTÉ COMME AYANT AGI SANS DISCERNEMENT.

Voir *Mineur de 16 ans*, page 82.

50

EMPRISONNEMENT (DÉLIT).

Arrêt.

Vu la déclaration du Jury portant que N..... est coupable de..... (*Délit*).

Attendu qu'il existe en sa faveur des circonstances atténuantes.

Ouï le Ministère public en ses réquisitions.

Ouï le conseil de l'accusé et l'accusé lui-même qui a eu la parole le dernier.

Vu les art. (*ceux du délit*) C. pén. *463, 55 du même Code,* 365 et 194 C. instr. cr. et la loi du 22 juillet 1867 sur la contrainte par corps, lesquels sont ainsi conçus :

Art. ..... (Ceux du délit).

365, § 1, C. instr. cr. — « Si le fait est défendu, la Cour « prononcera la peine établie par la loi, même dans le cas « où, d'après les débats, il ne se trouverait plus de la com-« pétence de la Cour d'assises. »

365, § 2. — « En cas de conviction de plusieurs crimes ou délits, la peine la « plus forte sera seule prononcée. »

194 C. instr. cr. — « Tout jugement de condamnation « rendu contre le prévenu ou contre les personnes civile-« ment responsables du délit, ou contre la partie civile, les « condamnera aux frais même envers la partie publique. Les « frais seront liquidés par le même jugement. »

55, C. pén. — « Tous les individus condamnés pour un même crime ou pour « un même délit, seront tenus solidairement des amendes, des restitutions, « des dommages-intérêts et des frais. »

463, § 4, Code pénal. — « Dans tous les cas où la peine d'emprisonnement « et celle de l'amende sont prononcées par le C. pén., si les circonstances parais-« sent atténuantes, les tribunaux correctionnels sont autorisés, même en cas « de récidive, à réduire l'emprisonnement même au-dessous de six jours, et « l'amende même au-dessous de seize francs. Ils pourront aussi prononcer « séparément l'une ou l'autre de ces peines, et même substituer l'amende à « l'emprisonnement sans qu'en aucun cas elle puisse être au-dessous des « peines de simple police. — Dans le cas où l'amende est substituée à l'empri-« sonnement, si la peine de l'emprisonnement est seule prononcée par l'article « dont il est fait application, le maximum de cette amende sera de 3,000 « francs. »

Contrainte par corps (*Inutile de lire les articles*).

7

(a) Ne peut se cumuler avec la rélégation. Cass., 11 janv. 1889.

Interdiction de séjour (*Lorsqu'elle est applicable*) (*a*).

Art. **19**, § 2, de la loi du 27 mai 1885. — « La peine de la surveillance de « la haute police est supprimée. Elle est remplacée par la défense faite au « condamné de paraître dans les lieux dont l'interdiction lui sera signifiée « par le Gouvernement avant sa libération. »

En exécution de ces dispositions de loi,
Après en avoir délibéré,
La Cour condamne N..... à..... d'emprisonnement.

Le condamne (*ou les condamne solidairement*) aux frais. Fixe à....., la durée de la contrainte par corps.

Ordonne que les effets pris seront restitués au propriétaire après les délais de l'art. 366 C. instr. cr.

Interdiction de séjour (*S'il y a dispense, la Cour n'a rien à dire*). Fait défense au condamné de paraître dans les lieux dont l'interdiction lui sera signifiée par le Gouvernement avant sa libération ; et ce, pendant..... ans.

Rélégation. — *Si elle est applicable, voir ce mot, p.* 72.

Puissance paternelle (*Voir ce mot, p.* 76).

Sursis (*Voir ce mot, p.* 66).

Au Condamné.   N..... vous avez trois jours francs pour vous pourvoir en cassation contre l'arrêt que vous venez d'entendre. Après ce délai, vous n'y seriez plus recevable.

Gendarmerie.   Qu'on emmène le condamné.

(*a*) Si la loi prononce le maximum des travaux forcés, la Cour, en cas de circonstances atténuantes, ne peut prononcer que cinq ans de travaux forcés, ou de cinq à dix ans de réclusion. Cass., 25 sept. 1890. Pand. fr., 91.1.106.

(*b*) *Art. 42 C. pén.* — Les Tribunaux jugeant correctionnellement, pourront, dans certains cas, interdire en tout ou en partie, l'exercice des droits civiques, civils et de famille suivants : 1º de vote et d'élection; 2º d'éligibilité; 3º d'être appelé ou nommé aux fonctions de juré ou autres fonctions publiques, ou aux emplois de l'administration, ou d'exercer ces fonctions ou emplois; 4º du port d'armes; 5º du vote et du suffrage dans les délibérations de famille; 6º d'être tuteur, curateur, si ce n'est de ses enfants et sur l'avis seulement de la famille; 7º d'être expert ou employé comme témoin dans les actes; 8º de témoignage en justice, autrement que pour y faire de simples déclarations.

EMPRISONNEMENT (CRIME).

Arrêt.   Vu la déclaration du Jury portant que N..... est coupable de..... et qu'il existe des circonstances atténuantes en sa faveur.

Ouï le Ministère public en ses réquisitions.

Ouï le conseil de l'accusé et l'accusé lui-même qui a eu la parole le dernier.

Vu les art..... 463,401, *55* C. pén., *365*, 368 C. instr. cr. et la loi du 22 juillet 1867 sur la contrainte par corps, lesquels sont ainsi conçus :

Art. (*Ceux spéciaux au crime.*)

463. — « Les peines prononcées par la loi contre celui « ou ceux des accusés reconnus coupables, en faveur de « qui le Jury aura admis des circonstances atténuantes, « seront modifiées ainsi qu'il suit : »

§ 5. — « Si la peine est celle des *travaux forcés à* « *temps* (a), la Cour appliquera la peine de la réclusion, « ou les dispositions de l'art. 401, sans toutefois pouvoir « réduire la durée de l'emprisonnement au-dessous de « deux ans. »

§ 6. — « Si la peine est celle de la *réclusion*, de la « détention, du bannissement ou de la dégradation civique, « la Cour appliquera les dispositions de l'art. 401, sans « toutefois pouvoir réduire la durée de l'emprisonnement « au-dessous d'un an. »

401. — « Les autres vols non spécifiés dans la pré- « sente section, les larcins ou filouteries, ainsi que les « tentatives de ces mêmes délits, seront punis d'un em- « prisonnement d'un an à cinq ans, et pourront même « l'être d'une amende qui sera de 16 francs au moins et « de 500 francs au plus. — Les coupables pourront encore « être interdits des droits mentionnés en l'art. 42 du pré- « sent Code, pendant cinq ans au moins et dix ans « au plus (b). — Ils pourront aussi être mis par l'arrêt « ou le jugement sous la surveillance de la haute police « pendant le même nombre d'années. »

365, § 2, C. instr. cr. — « En cas de conviction de plusieurs crimes ou « délits, la peine la plus forte sera seule prononcée. »

(*a*) Ne peut se cumuler avec la rélégation. Cass., 11 janv. 1889.

368. — « L'accusé ou la partie civile qui succom-
« bera sera condamné aux frais envers l'État et envers
« l'autre partie. »

55 C. pén. — « Tous les individus condamnés pour un même crime ou
« pour un même délit, seront tenus solidairement des amendes, des restitu-
« tions, des dommages-intérêts et des frais. »

Contrainte par corps (Inutile de lire les articles).
Interdiction de séjour (a) (S'il y a dispense, la Cour n'a rien
à dire).

Art. **19**, § 2, de la loi du 27 mai 1885. — « La peine de la surveil-
« lance de la haute police est supprimée. Elle est remplacée par la défense
« faite au condamné de paraître dans les lieux dont l'interdiction lui sera
« signifiée par le Gouvernement, avant sa libération. »

En exécution de ces dispositions de loi,

La Cour, après en avoir délibéré, condamne N....,
à ..... d'emprisonnement, à ..... francs d'amende, à ..... ans
d'interdiction des droits mentionnés en l'art. 42 C. pén.

Interdiction de séjour (S'il y a dispense, ne rien dire).

Fait défense au condamné de paraître dans les lieux dont l'interdiction
lui sera signifiée par le Gouvernement avant sa libération, et ce pendant ...
ans.

Le condamne (ou *les condamne solidairement*) aux frais envers
l'État.
Fixe à....., la durée de la contrainte par corps.

Ordonne que les effets pris seront restitués au propriétaire après les
délais de l'art. 366 C. instr. cr.

Relégation (Voir ce mot, p. 72).

Puissance paternelle (Voir ce mot, p. 76).
Sursis (Voir ce mot, p. 66).

À l'Accusé.   N..... vous avez trois jours francs pour vous pourvoir en
cassation contre l'arrêt que vous venez d'entendre. Après ce
délai, vous n'y seriez plus recevable.

Gendarmerie.   Qu'on emmène le condamné.

(*a*) Si la loi prononce le maximum des travaux forcés, la Cour en cas de circonstances atténuantes, ne peut prononcer que cinq ans de travaux forcés, ou de cinq à
dix ans de réclusion. — Cass., 25 sept. 1890. P. françaises, 91.1.106.

RÉCLUSION.

Arrêt. Vu la déclaration du Jury portant que N..... est coupable
de..... *et qu'il existe en sa faveur des circonstances atténuantes (a)*.

Ouï le Ministère public en ses conclusions.

Ouï le conseil de l'accusé et l'accusé lui-même qui a eu
la parole le dernier.

Vu les art..... *463*, 21, 36, 46, 47, *55* C. pén., 19 de la
loi du 27 mai 1885 sur les récidivistes, et la loi du 22
juillet 1867 sur la contrainte par corps, *365*, 368 C. instr.
cr., lesquels sont ainsi conçus :

Art..... C. pén. (*Ceux relatifs au crime*).

Art. **463**. — « Les peines prononcées par la loi contre
« celui ou ceux des accusés reconnus coupables, en faveur
« de qui le Jury aura admis des circonstances atténuantes,
« seront modifiées ainsi qu'il suit :

§ 2. — « Si la peine est celle des *travaux forcés à per-*
« *pétuité* la Cour appliquera la peine des travaux forcés
« à temps ou celle de la réclusion. »

§ 5. — « Si la peine est celle des *travaux forcés à temps*
« la Cour appliquera la peine de la réclusion ou les disposi-
« tions de l'art. 401, sans toutefois pouvoir réduire l'empri-
« sonnement au-dessous de deux ans. »

§ 7. — « Dans tous les cas où le Code prononce *le maximum d'une peine*
« *afflictive*, s'il existe des circonstances atténuantes, la Cour appliquera
« le minimum de la même peine, ou même la peine inférieure (a). »

Art. **21** C. pén. — « Tout individu de l'un et l'autre sexe
« condamné à la réclusion, sera enfermé dans une maison
« de force et employé à des travaux dont le produit pourra
« être en partie appliqué à son profit, ainsi qu'il sera réglé
« par le Gouvernement. La durée de cette peine sera de
« cinq ans au moins et de dix ans au plus. »

Art. **36** C. pén. — « Tous arrêts qui porteront la peine de
« mort, des travaux forcés à perpétuité ou à temps, la
« déportation, la détention, la réclusion, la dégradation
« civique et le bannissement, seront imprimés par extrait.
« Ils seront affichés dans la ville centrale du département,
« dans celle où l'arrêt aura été rendu, dans la commune

Réclusion.

(a) Ne peut se cumuler avec la rélégation. — Cass., 11 janv. 1889.

« du lieu où le délit aura été commis, dans celle où se fera
« l'exécution, et dans celle du domicile du condamné. »

(a) Interdiction de séjour. — **46** C. pén. — « En aucun cas
« la durée de la surveillance ne pourra excéder vingt années.
« Les coupables condamnés aux travaux forcés à temps, à la
« détention ou à la réclusion, seront de plein droit, après l'ex-
« piration de leur peine, et pendant vingt années, sous la
« surveillance de la haute police. Néanmoins l'arrêt ou le
« jugement de condamnation pourra réduire la peine de la
« surveillance, ou même déclarer que les condamnés n'y
« seront pas soumis. »

47, § 2. — « Dans tous les cas prévus par les §§ 2 et 3 de
« l'article précédent, si l'arrêt ne contient pas dispense, ou
« réduction de la surveillance, mention sera faite, à peine de
« nullité, qu'il en a été délibéré. »

19 de la loi du 27 mai 1885. — « La peine de la surveil-
« lance de la haute police est supprimée. Elle est remplacée
« par la défense faite au condamné de paraître dans les lieux
« dont l'interdiction lui sera signifiée par le gouvernement
« avant sa libération. »

§ 4. — « Restent en conséquence applicables, pour cette
« interdiction, les dispositions antérieures qui réglaient l'ap-
« plication ou la durée, ainsi que la remise ou la suppression
« de la surveillance de la haute police et les peines encourues
« par les contrevenants conformément à l'art. 45 C. pén. »

365 C. instr. cr. — « En cas de *conviction de plusieurs crimes* ou délits,
« la peine la plus forte sera seule prononcée. »

368. — « L'accusé ou la partie civile qui succombera sera
« condamné aux frais envers l'État et envers l'autre partie. »

55 C. pén. — « Tous les individus condamnés pour un même crime ou pour
« un même délit seront *tenus solidairement* des amendes, des restitutions, des
« dommages-intérêts et des frais. »

Contrainte par corps (*Inutile de citer les articles*).

En exécution de ces dispositions de loi,

LA COUR, après en avoir délibéré,

Condamne N..... à la peine de..... ans de réclusion.

56

Interdiction de séjour. — Fait défense au condamné de paraître pendant ... ans dans les lieux dont l'interdiction lui sera signifiée par le Gouvernement avant sa libération *(si la Cour prononce vingt ans, ajouter :* et ce après en avoir spécialement délibéré) *ou bien :* le dispense de l'interdiction de séjour.

Le condamne *(ou les condamne solidairement)* aux frais envers l'État.

Fixe à..... la durée de la contrainte par corps.

Relégation (Voir ce mot, p. 72).

Puissance paternelle (Voir ce mot, p. 76).

Ordonne que le présent arrêt sera imprimé par extrait, affiché dans les lieux indiqués par la loi et exécuté à la diligence de M. le Procureur.....

Ordonne la restitution à leur propriétaire des effets pris, après l'expiration des délais de l'art. 366 C. instr. cr.

Au Condamné. N..... vous avez trois jours francs pour vous pourvoir en cassation contre l'arrêt que vous venez d'entendre. Passé ce délai, vous n'y seriez plus recevable.

Gendarmerie. Qu'on emmène le condamné.

Crimes commis dans les prisons.

Loi du 25 nov. 1880. Art. unique. — Lorsque, à raison d'un crime commis dans une prison par un détenu, la peine des travaux forcés à temps ou à perpétuité est appliquée, la Cour d'assises ordonnera que cette peine sera subie dans la prison même où le crime aura été commis, à moins d'impossibilité, pendant la durée qu'elle déterminera, et qui ne pourra être inférieure au temps de réclusion ou d'emprisonnement que le détenu avait à subir au moment du crime.

L'impossibilité prévue par le § précédent sera constatée par le Ministre de l'Intérieur sur l'avis de la Commission de surveillance de la prison. Dans ce cas, la peine sera subie dans une maison centrale. — La Cour d'assises pourra ordonner, en outre, que le condamné sera resserré plus étroitement, enfermé seul, et soumis pendant un temps qui n'excèdera pas un an, à l'emprisonnement cellulaire.

(a) Si la loi prononce le *maximum des travaux forcés*, la Cour, en cas de circonstances atténuantes, ne peut prononcer que cinq ans de travaux forcés, ou de cinq à dix ans de réclusion. — Cass., 25 sept. 1891. Pd. fr. 91.1.106.

57

TRAVAUX FORCÉS A TEMPS.

Arrêt. Vu la déclaration du Jury portant que N..... est coupable de ..... *et qu'il existe en sa faveur des circonstances atténuantes (a).*

Ouï le Ministère public en ses réquisitions.

Ouï le Conseil de l'accusé et l'accusé lui-même qui a eu la parole le dernier.

Vu les art..... *463*, 19, 36, *55*, 46, 47 C. pén., 19 de la loi du 17 mai 1885 sur les récidivistes, *365*, 368 C. instr. cr. et la loi du 22 juillet 1867 sur la contrainte par corps, lesquels sont ainsi conçus :

Art. ..... *(Ceux spéciaux au crime).*

Art. **463** C. pén. — « Les peines prononcées par la loi « contre celui ou ceux des accusés reconnus coupables, en « faveur de qui le Jury aura déclaré les circonstances atté- « nuantes, seront modifiées ainsi qu'il suit :

§ 1. — « Si la peine prononcée par la loi est la *mort*, « la Cour appliquera celle des travaux forcés à perpétuité ou « celle des travaux forcés à temps. »

§ 2. — « Si la peine est celle des *travaux forcés à per- « pétuité* la Cour appliquera celle des travaux forcés à temps « ou celle de la réclusion. »

§ 7. — « Dans tous les cas où le Code prononcera le maximum d'une peine « afflictive, s'il existe des circonstances atténuantes la Cour appliquera le « minimum de la peine, ou même la peine inférieure (a). »

Art. **19** C. pén. — « La condamnation à la peine des « travaux forcés à temps sera prononcée pour cinq ans au « moins et vingt ans au plus. »

Art. **36** C. pén. — « Tous arrêts qui portent la peine de « mort, des travaux forcés à perpétuité et à temps, la dé- « portation, la détention, la réclusion, la dégradation civi- « que et le bannissement, seront imprimés par extrait. Ils « seront affichés dans la ville centrale du département, dans « celle où l'arrêt aura été rendu, dans la commune du lieu « où le délit aura été commis, dans celle où se fera l'exé- « cution, et dans celle du domicile du condamné. »

T. F. à temp

(a) L'interdiction de résidence ne peut se cumuler avec la rélégation. — Cass., 11 janv. 1889.

58

46 C. pén. (*a*). — « En aucun cas la durée de la surveillance
« ne pourra excéder vingt années. Les coupables condamnés
« aux travaux forcés à temps, à la détention, à la réclusion,
« seront de plein droit et pendant vingt années sous la sur-
« veillance de la haute police. — Néanmoins, l'arrêt ou le
« jugement de condamnation pourra réduire la durée de la
« surveillance, ou même déclarer que les condamnés n'y
« seront pas soumis. »

47, § 2, C. pén. — « Dans les cas prévus par les §§ 2 et 3
« de l'article précédent, si l'arrêt ou le jugement ne contient
« pas dispense ou réduction de la surveillance, mention sera
« faite, à peine de nullité, qu'il en a été délibéré. »

19 de la loi du 27 mai 1885. — « La peine de la surveil-
« lance de la haute police est supprimée. Elle est remplacée
« par la défense faite au condamné de paraître dans les
« lieux dont l'interdiction lui sera signifiée par le Gouver-
« nement avant sa libération. »

§ 4. — « Restent en conséquence applicables pour cette
« interdiction les dispositions antérieures qui réglaient l'ap-
« plication ou la durée, ainsi que la remise ou la suppression
« de la surveillance de la haute police et les peines encourues
« par les contrevenants conformément à l'art. 45 C. pén. »

365 C. instr. cr. — « En cas de conviction de plusieurs crimes ou délits
« la peine la plus forte sera seule appliquée. »

368 C. instr. cr. — « L'accusé ou la partie civile qui suc-
« combera sera condamné aux frais envers l'État et envers
« l'autre partie. »

55 C. pén. — « Tous les individus condamnés pour un même crime ou
« pour un même délit seront tenus solidairement des amendes, des resti-
« tutions, des dommages-intérêts et des frais. »

Contrainte par corps (*Inutile de lire les articles*).

Sexagénaires. Art. **5** de la loi du 30 mai 1854, C. pén. A. **70** et **71.** —
« Les peines des travaux forcés à perpétuité et des travaux forcés à temps
« ne seront prononcées contre aucun individu âgé de soixante ans accomplis
« au moment du jugement. Elles seront remplacées par celles de la réclu-
« sion, soit à perpétuité, soit à temps, selon la durée des peines qu'elle
« remplacera. »

En exécution de ces dispositions de loi,

LA COUR, après en avoir délibéré,

Condamne N..... à..... ans de travaux forcés (ou de *réclusion*,
s'il s'agit d'un sexagénaire).

8

59

Interdiction de séjour. — Fait défense au condamné, et ce, pendant ..... ans de paraître dans les lieux dont l'interdiction lui aura été signifiée par le Gouvernement avant sa libération *(si la Cour prononce vingt ans, ajouter :* et ce, après en avoir spécialement délibéré).

Ou bien : le dispense de l'interdiction de séjour.

Le condamne *(ou bien les condamne solidairement)* aux frais envers l'État.

Fixe à..... la durée de la contrainte par corps.

Relégation (*Voir ce mot, page 72*).

Puissance paternelle (*Voir ce mot, page 76*).

Ordonne que le présent arrêt sera imprimé par extrait, affiché dans les lieux indiqués par la loi, et exécuté à la diligence de M. le Procureur.....

Ordonne la restitution à leur propriétaire des effets pris après l'expiration des délais de l'art. 366 C. instr. cr.

u Condamné.   N..... vous avez trois jours francs pour vous pourvoir en cassation contre l'arrêt que vous venez d'entendre. — Passé ce délai, vous n'y seriez plus recevable.

Gendarmerie.   Qu'on emmène le condamné.

Crimes commis dans les prisons.

Vº page 57, *suprà*.

60

TRAVAUX FORCÉS A PERPÉTUITÉ.

Arrêt.   Vu là déclaration du Jury portant que N..... est coupable de..... *et qu'il existe en sa faveur des circonstances atténuantes.*

Ouï le Ministère public en ses réquisitions.

Ouï le Conseil de l'accusé, et l'accusé lui-même qui a eu la parole le dernier.

Vu les art. *463* 36, *55* C. pén., *365* et 368 C. instr. cr., ainsi conçus :

Art. ..... (*Ceux spéciaux aux crimes*).

463 C. pén. — « Les peines prononcées par la loi contre « celui ou ceux des accusés reconnus coupables, en faveur « de qui le Jury aura déclaré les circonstances atténuantes, « seront modifiées ainsi qu'il suit :

§ 1. — « Si la peine prononcée par la loi est la *mort,* la « Cour appliquera la peine des travaux forcés à perpétuité « ou celle des travaux forcés à temps. »

36 C. pén. — « Tous arrêts qui porteront la peine de « mort, des travaux forcés à perpétuité ou à temps, la dépor- « tation, la détention, la réclusion, la dégradation civique et « le bannissement, seront imprimés par extraits. Ils seront « affichés dans la ville centrale du département, dans celle où « l'arrêt aura été rendu, dans la commune du lieu où le délit « aura été commis, dans celle où se fera l'exécution, et dans « celle du domicile du condamné. »

Sexagénaires. — Art. **5** de la loi du 30 mai 1854 (art. **70** et **71,** C. pén.). — « Les peines des travaux forcés à perpétuité et des travaux forcés à temps « ne seront prononcées contre aucun individu âgé de soixante ans accomplis au « moment du jugement. Elles seront remplacées par celle de la réclusion, soit « à perpétuité, soit à temps, selon la durée de la peine qu'elle remplacera. »

365 C. instr. cr. — « En cas de conviction de plusieurs crimes ou délits, la « peine la plus forte sera seule prononcée. »

368 C. instr. cr. — « L'accusé ou la partie civile qui « succombera sera condamné aux frais envers l'État et envers « l'autre partie. »

55 C. pén. — « Tous les individus condamnés pour un même crime ou « pour un même délit, seront tenus solidairement des amendes, des restitu- « tions, des dommages-intérêts et des frais. »

T. F. à perpé tuité.

61

En exécution de ces dispositions de loi,
La Cour, après en avoir délibéré;

Condamne N..... à la peine des travaux forcés à perpétuité (*de la réclusion perpétuelle, si sexagénaire*).

Le condamne (*ou les condamne solidairement*) aux frais envers l'État (*jamais par corps*).

Interdiction de séjour. Pas d'interdiction de séjour.

Relégation. Pas de relégation (Cass., 1ᵉʳ juill. 1886).

Puissance paternelle (Vᵒ ce mot, p. 76).

Ordonne que le présent arrêt sera imprimé par extrait, affiché dans les lieux indiqués par la loi et exécuté à la diligence de M. le Procureur.....

Ordonne que les effets pris seront restitués à leur propriétaire après l'expiration des délais de l'art. 366 C. inst. cr.

Au Condamné. N..... vous avez trois jours francs pour vous pourvoir en cassation contre l'arrêt que vous venez d'entendre. Passé ce délai, vous n'y seriez plus recevable.

Gendarmerie. Qu'on emmène le condamné.

PEINE DE MORT.

Arrêt. Vu la déclaration du Jury portant que N..... est coupable de.....

Ouï le Ministère public en ses conclusions.

Ouï le Conseil de l'accusé et l'accusé lui-même qui a eu la parole le dernier.

Vu les art..... 12, 26, 36, *55* C. pén., *365*, 368 C. instr. cr., lesquels sont ainsi conçus :

Art. ...... *(Ceux spéciaux au crime)*.

12 C. pén. — « Tout condamné à mort aura la tête tran-« chée. »

26 C. pén. — « L'exécution se fera sur l'une des places « publiques du lieu qui sera indiqué par l'arrêt. »

36 C. pén. — « Tous arrêts portant la peine de mort, des « travaux forcés à perpétuité et à temps, la déportation, la « détention, la réclusion, la dégradation civique et le ban-« nissement, seront imprimés par extrait. Ils seront affichés « dans la ville centrale du département, dans celle où l'arrêt « aura été rendu, dans la commune du lieu où le délit aura « été commis, dans celle où se fera l'exécution, et dans celle « du domicile du condamné. »

365, § 2, C. instr. cr. — « En cas de conviction de plusieurs crimes ou « délits, la peine la plus forte sera seule prononcée. »

368 C. instr. cr. — « L'accusé ou la partie civile qui « succombera sera condamné aux frais envers l'État et envers « l'autre partie. »

55 C. pén. — « Tous les individus condamnés pour un même crime ou pour « un même délit, seront tenus solidairement des amendes, des restitutions, « des dommages-intérêts et des frais. »

En exécution de ces dispositions de loi,

La Cour, après en avoir délibéré en Chambre du Conseil,

Condamne N..... à la peine de mort.

Ordonne qu'il sera conduit sur la place publique de..... pour y avoir la tête tranchée.

Mort.

Le condamne (*ou les condamne solidairement*) aux frais envers l'État (*jamais par corps*).

Ordonne que le présent arrêt sera imprimé par extrait, affiché dans les lieux indiqués par la loi, et exécuté à la diligence de M. le Procureur.......

Ordonne que les effets pris seront restitués à leur propriétaire après l'expiration des délais de l'art. 366 C. instr. cr.

Condamné.　　N..... vous avez trois jours francs pour vous pourvoir en cassation contre l'arrêt que vous venez d'entendre. Passé ce délai, vous n'y seriez plus recevable.

endarmerie.　　Qu'on emmène le condamné.

(*a*) Art. **323** C. pén. — Le parricide n'est jamais excusable.

PARRICIDE (a).

Arrêt. Vu la déclaration du Jury portant que N..... est coupable de parricide.

Ouï le Ministère public en ses réquisitions.

Ouï le Conseil de l'accusé et l'accusé lui-même qui a eu la parole le dernier.

Vu les art. 295, 299, 302, 12, 13, 26, 36, *55* C. pén., *365*, 368 C. instr. cr., ainsi conçus (a) :

295. — « L'homicide commis volontairement est qua-« lifié meurtre. »

299. — « Est qualifié parricide le meurtre des père et « mère légitimes, naturels ou adoptifs, ou de tout autre « ascendant légitime. »

302. — « Tout coupable d'assassinat, de parricide, d'in-« fanticide et d'empoisonnement sera puni de mort, sans pré-« judice de la disposition particulière contenue en l'art. 13, « relativement au parricide. »

12. — « Tout condamné à mort aura la tête tranchée. »

13. — « Le coupable condamné à mort pour parricide sera « conduit sur le lieu de l'exécution en chemise, nu-pieds, et « la tête couverte d'un voile noir. Il sera exposé sur l'écha-« faud pendant qu'un huissier fera au peuple lecture de l'arrêt « de condamnation, et il sera immédiatement exécuté à mort. »

26. — « L'exécution se fera sur l'une des places publiques « du lieu qui sera indiqué par l'arrêt de condamnation. »

36. — « Tous arrêts portant peine de mort, des travaux « forcés à perpétuité et à temps, la déportation, la détention, « la réclusion, la dégradation civique et le bannissement, « seront imprimés par extrait. Ils seront affichés dans la ville « centrale du département, dans celle où l'arrêt aura été « rendu, dans la commune du lieu où le délit aura été commis, « dans celle où se fera l'exécution, et dans celle du domicile « du condamné. »

365 C. instr. cr. — « En cas de conviction de plusieurs crimes ou délits, la « peine la plus forte sera seule prononcée. »

368 C. instr. cr. — « L'accusé ou la partie civile qui

Parricide.

« succombera sera condamné aux frais envers l'État et en-
« vers l'autre partie. »

55 C. pén. — « Tous les individus condamnés pour un même crime ou pour
« un même délit seront tenus solidairement des amendes, des restitutions, des
« dommages-intérêts et des frais. »

En exécution de ces dispositions de loi,
La Cour, après en avoir délibéré, en Chambre du Conseil,
condamne N..... à la peine de mort.

Ordonne qu'il sera conduit sur la place publique de.....
en chemise, nu-pieds, et la tête couverte d'un voile noir;
qu'il restera exposé sur l'échafaud pendant qu'un huissier
fera au peuple lecture de l'arrêt de condamnation, et qu'il
aura immédiatement la tête tranchée.

Le condamne *(ou les condamne solidairement)* aux frais envers
l'État *(jamais par corps)*.

Ordonne que le présent arrêt sera imprimé par extrait,
affiché dans les lieux indiqués par la loi et exécuté à la diligence de M. le Procureur.....

Ordonne la restitution à leur propriétaire des effets pris, après l'expiration
des délais de l'art. 366 C. instr. cr.

Au Condamné.   N..... vous avez trois jours francs pour vous pourvoir
en cassation contre l'arrêt que vous venez d'entendre. —
Passé ce délai, vous n'y seriez plus recevable.

La Gendarmerie.   Qu'on emmène le condamné.

SURSIS.

Arrêt. Attendu que N..... n'ayant subi jusqu'à ce jour aucune condamnation à l'emprisonnement pour crime ou délit de droit commun, il peut lui être fait application des dispositions de la loi du 26 mars 1891, ainsi conçues :

Art. **1.** — « En cas de condamnation à l'emprisonnement « ou à l'amende, si l'inculpé n'a pas subi de condamnation « antérieure à la prison pour crime ou délit de droit com- « mun, les Cours et Tribunaux peuvent ordonner par le « même jugement et par décision motivée, qu'il sera sursis « à l'exécution de la peine. — Si pendant le délai de cinq « ans à dater du jugement ou de l'arrêt, le condamné n'a « encouru aucune poursuite suivie de condamnation à l'em- « prisonnement ou à une peine plus grave pour crime ou « délit de droit commun, la condamnation sera comme non « avenue. — Dans le cas contraire, la première peine sera « d'abord exécutée, sans qu'elle puisse se confondre avec « la seconde. »

Art. **2.** — « La suspension de la peine ne comprend pas « le paiement des frais du procès et des dommages-intérêts. « Elle ne comprend pas non plus les peines accessoires et « les incapacités résultant de la condamnation. Toutefois ces « peines accessoires cesseront d'avoir effet du jour où, par « application des dispositions de l'article précédent, la con- « damnation aura été réputée non avenue. »

Art. **3.** — « Le Président du Tribunal doit, après avoir « prononcé la suspension, avertir le condamné qu'en cas de « nouvelles condamnations dans les conditions de l'art. 1, « la première peine sera exécutée sans confusion possible « avec la deuxième, et que les peines de la récidive seront « encourues dans les termes des art. 57 et 58 C. pén. »

La Cour dit qu'il sera sursis pendant cinq ans à l'exécution de la peine d'emprisonnement (*et d'amende*) prononcée contre N.....

Au Condamné. N..... La Cour vient de vous condamner à..... d'emprisonnement. Toutefois vous allez être mis en liberté. Si

Sursis.
Prison préven
tive.

pendant cinq ans vous n'encourez aucune condamnation à l'emprisonnement ou à une peine plus grave, vous n'aurez pas à subir la peine qui vient d'être prononcée contre vous, et vous serez considéré comme n'ayant jamais été condamné. — Si, au contraire, vous êtes, dans ce même délai, condamné à l'emprisonnement ou à une peine plus grave, vous aurez à subir, sans confusion possible, la peine qui vient de vous être infligée, et vous encourrez même les aggravations de pénalité résultant de la récidive.

NON-IMPUTATION DE LA PRISON PRÉVENTIVE
SUR LA DURÉE DE LA PEINE.

Arrêt.   ..... Attendu qu'il n'y a pas lieu d'imputer sur la durée de la peine à laquelle N..... vient d'être condamné, la durée de la détention préventive qu'il a subie;

Qu'en effet..... (*Indiquer les motifs de cette non-imputation*).

Vu l'art. 24 C. pén., ainsi conçu :

Art. **24.** — « Quand il y aura eu détention préventive, « cette détention sera intégralement déduite de la durée de « la peine qu'aura prononcée le jugement ou l'arrêt de con- « damnation, à moins que le juge n'ait ordonné par dispo- « sition spéciale et motivée que cette imputation n'aura pas « lieu, ou qu'elle n'aura lieu que pour partie. »

LA COUR dit que la détention préventive subie par N..... ne sera pas comptée dans la durée de la peine à laquelle il vient d'être condamné.

68

RÉCIDIVE.

I. — LA PEINE ANTÉRIEURE ÉTAIT UNE PEINE CRIMINELLE.

Arrêt.   Attendu qu'à la date du....., N..... a été condamné par la Cour ..... à la peine de..... pour.....

Que cette décision était définitive à l'époque où il a commis les faits pour lesquels il est actuellement poursuivi,

Qu'il se trouve donc dans le cas de récidive légale prévu par l'art. 56 C. pén., ainsi conçu :

Art. **56**. — « Quiconque ayant été condamné à une peine « afflictive ou infamante, aura commis un second crime « emportant comme peine principale la dégradation civique, « sera condamné à la peine du bannissement. »

§ 2. — « Si le second crime emporte la peine du *bannisse-* « *ment*, il sera condamné à la peine de la détention. »

§ 3. — « Si le second crime emporte la peine de la *réclu-* « *sion*, il sera condamné à la peine des travaux forcés à « temps. »

§ 4. — « Si le second crime emporte la peine de la *détention*, « il sera condamné au maximum de la même peine, laquelle « pourra être élevée jusqu'au double. »

§ 5. — « Si le second crime emporte la peine des *travaux* « *forcés à temps*, il sera condamné au maximum de la même « peine, laquelle pourra être élevée jusqu'au double. »

§ 6. — « Si le second crime emporte la peine de la *dépor-* « *tation*, il sera condamné aux travaux forcés à perpé- « tuité. »

§ 7. — « Quiconque *ayant été condamné aux travaux for-* « *cés à perpétuité*, aura commis un deuxième crime em- « portant la même peine, sera condamné à la peine de « mort. »

§ 8. — « Toutefois l'individu *condamné par un tribunal* « *militaire ou maritime*, ne sera, en cas de nouveau crime « ou délit postérieur, passible des peines de la récidive qu'au- « tant que la première condamnation aura été prononcée pour « des crimes ou délits punissables d'après les lois pénales « ordinaires..... »

(*a*) Les art. 57 et 58 s'appliquent, lorsque c'est *par l'admission des circonstances atténuantes* que la Cour, abaissant de un ou de deux degrés, prononce la peine d'emprisonnement.

Donc : 1° si la peine afférente au crime est celle de la réclusion, la Cour pourra, abaissant *d'un degré* et appliquant l'art. 57 ou 58 C. pén., prononcer *cinq à dix ans d'emprisonnement* et l'interdiction de séjour ; abaissant de *deux degrés*, appliquer l'art. 406, soit un à cinq ans *d'emprisonnement*, avec interdiction de séjour facultative (Cass., 26 mai 1864, S. 64.1.241).

2° Si la peine afférente au crime est celle *des travaux forcés à temps*, la Cour pourra, abaissant de *deux degrés*, condamner à la peine de cinq à dix ans d'emprisonnement et à l'interdiction de séjour ; mais elle ne pourra donner moins (Cass., 26 mars 1864 ; *id.*, 26 mai 1864, S. 64.1.146 et 241).

(*b*) Si la Cour condamne pour *délit*, et que la *première peine* soit *aussi prononcée pour délit*, il faut ajouter :

Attendu que le délit commis en ..... et celui qui est réprimé à cette audience sont de même nature.

II. — LA PEINE ANTÉRIEURE ÉTAIT UNE PEINE D'EMPRISONNEMENT.

Arrêt.   (*a*) Attendu que N..... a été condamné par la Cour (*ou le Tribunal*) de..... à..... d'emprisonnement pour..... à la date du..... 18.., décision devenue définitive le.....

Qu'il a été libéré le..... (*ou que cette peine a été prescrite le.....*)

Qu'il s'est écoulé moins de cinq ans entre cette dernière époque et le....., date des faits pour lesquels il est poursuivi aujourd'hui (*b*).

Que N..... se trouve donc dans le cas de récidive légale prévu par l'art. 57 (*ou par les art. 57 et 58*) du Code pénal ainsi conçus :

Art. **57.** — « Quiconque ayant été condamné *pour crime à*
« *une peine supérieure à une année d'emprisonnement,* aura,
« dans un délai de cinq années après l'expiration de sa
« peine ou sa prescription, commis un délit ou un crime
« qui devra être puni de la peine de l'emprisonnement, sera
« condamné au maximum de la peine portée par la loi, et
« cette peine pourra être élevée jusqu'au double. — Défense
« pourra être faite en outre au condamné de paraître pendant
« cinq ans au moins et dix ans au plus, dans les lieux dont
« l'interdiction lui sera signifiée par le Gouvernement avant
« sa libération. »

Art. **58.** — « Il en sera de même pour les condamnés à un *emprisonnement*
« *de plus d'une année pour délit,* qui, dans le même délai, seraient reconnus
« coupables d'un même délit ou d'un même crime devant être puni de l'empri-
« sonnement. — Ceux qui, ayant été antérieurement condamnés à une *peine*
« *d'emprisonnement de moindre durée,* commettraient le même délit dans les
« mêmes conditions de temps, seront condamnés à une peine d'emprisonnement
« qui ne pourra être inférieure au double de celle précédemment prononcée,
« sans toutefois qu'elle puisse dépasser le double du maximum de la peine en-
« courue. — Les délits de vol, escroquerie et abus de confiance seront consi-
« dérés comme étant, au point de vue de la récidive, un même délit. — Il en
« sera de même des délits de vagabondage et de mendicité. »

MODIFICATIONS DE LA PEINE À APPLIQUER S'IL Y A À LA FOIS RÉCIDIVE ET CIRCONSTANCES ATTÉNUANTES.

(a) Cass., 24 janvier 1867, S. 67.1.305.

(b) Cass., 5 avril 1866, S. 67.1.47 et la note. — Id., 3 janvier 1890; B. cr., n° 7.

(c) Cass., 15 septembre 1864, S. 65.1.101.

(d) Cass., 25 mai 1864, S. 64.1.241.

(e) Cass., 26 mars et 26 mai 1864, S. 64.1.146 et 241.

(f) Cass., 13 janvier 1857, B. cr., n° 25.

ACCUSÉ CONDAMNÉ ANTÉRIEUREMENT À :	S'EST RENDU COUPABLE D'UN FAIT emportant peine de :	EFFETS DE LA RÉCIDIVE.	PEINES À PRONONCER, s'il y a à la fois RÉCIDIVE ET CIRCONSTANCES ATTÉNUANTES.
Peine afflictive ou infamante.	Réclusion	Travaux forcés à temps	5 à 10 ans de réclusion. 2 à 5 ans de prison (a). — Surveillance facultative.
	Travaux forcés à temps	Maximum des travaux forcés, qui peut être porté jusqu'au double	5 ans de travaux forcés (pas plus) (b). 5 à 10 ans de réclusion.
	Travaux forcés à perpétuité	Aucun effet	5 à 20 ans de travaux forcés. 5 à 10 ans de réclusion.
		Si la *condamnation antérieure* est celle des *travaux forcés à perpétuité*, l'effet de la récidive est : *la mort*	Travaux forcés à perpétuité. 5 à 20 ans de travaux forcés.
	Mort	Aucun effet (f)	Travaux forcés à perpétuité. Travaux forcés à temps (f).
Emprisonnement d'un an et un jour pour crime ou délit, lorsque le second fait est commis dans le délai de cinq ans à partir de la libération ou de la prescription de la peine.	Réclusion	Aucun effet, s'il n'y a pas de circonstances atténuantes	5 à 10 ans d'emprisonnement (c). — Surveillance facultative. 1 à 5 ans d'emprisonnement (d). — Surveillance facultative.
	Travaux forcés à temps	Aucun effet, s'il n'y a pas de circonstances atténuantes	5 à 10 ans de réclusion. 5 à 10 ans d'emprisonnement (e). — Surveillance facultative.
	Travaux forcés à perpétuité	Aucun effet	5 à 20 ans de travaux forcés. 5 à 10 ans de réclusion.
	Mort	Aucun effet	Travaux forcés à perpétuité (f). Travaux forcés à temps.
Mêmes circonstances, et si, de plus, le second délit est de même nature que le premier.	Emprisonnement (délit)	Peine variant du maximum de celle prononcée par la loi pour ce délit, au double de cette peine, avec interdiction de séjour facultative.	Emprisonnement d'un jour au minimum, ou même, substitution à l'emprisonnement de l'amende jusqu'au minimum de 1 franc.
Emprisonnement d'un an et moins, avec les mêmes conditions de temps et si, de plus, le second délit est de même nature que le premier.	Emprisonnement (délit)	Double de la peine prononcée pour le premier délit, au moins, sans pouvoir dépasser le double du maximum de la peine encourue pour le nouveau délit.	Emprisonnement d'un jour au minimum, ou même, substitution à l'emprisonnement de l'amende jusqu'au minimum de 1 franc.

RELÉGATION.

Arrêt.   En ce qui touche la relégation,

Attendu qu'à cette audience N..... a reconnu avoir depuis moins de dix ans à dater du (*date du crime réprimé dans l'arrêt*), encouru les condamnations ci-dessous, portées à son casier judiciaire :

1° (*peine prononcée*) prononcée contre lui par jugement (*ou arrêt*) contradictoire (*s'il est par défaut, indiquer la date de la signification à personne, ou de l'exécution s'il a été signifié autrement qu'à personne, et la date à laquelle il est devenu définitif*) du Tribunal (*ou Cour d'appel ou d'assises*) de..... en date du..... pour (*nature de l'infraction*) commis le (*indiquer la date de l'infraction*).

2° (*Enumérer ainsi toutes les décisions entraînant relégation*).

3°....., etc.

Attendu que toutes ces condamnations sont définitives et que les peines n'ont pas été confondues.

Attendu que la date des faits qui les ont motivées est postérieure à l'époque à laquelle la précédente condamnation était devenue définitive, qu'il en est de même du crime (*ou délit*) qui a motivé la peine de (*indiquer la peine*) prononcée par le présent arrêt pour (*nature de l'infraction*).

Attendu que N..... n'a pas été réhabilité.

Attendu, en conséquence, qu'il a judiciairement reçu les avertissements qui le constituent en état de récidive au point de vue de la relégation, et qu'il se trouve dans le cas prévu par l'art. 4, §§ 1, 2, 3 ou 4, de la loi du 27 mai 1885, ainsi conçu :

Art. 4. — « Seront relégués les récidivistes qui, dans « quelque ordre que ce soit, et dans un intervalle de dix ans, « non compris la durée de toute peine subie, auront encouru « les condamnations énumérées à l'un des §§ suivants :

§ 1. — « Deux condamnations aux travaux forcés ou à la « réclusion sans qu'il soit dérogé aux dispositions des §§ 1 et « 2 de l'art. 6 de la loi du 30 mai 1854. »

§ 2. — « Une des condamnations énoncées au § précédent et « deux condamnations, soit à l'emprisonnement pour faits « qualifiés crime, soit à plus de trois mois d'emprisonnement (*a*) *Individus âgés de moins de vingt et un ans ou de plus de soixante ans à l'expiration de leur peine.*

Loi du 27 mai 1885. — Art. **6**. — La relégation n'est pas applicable aux individus qui seront âgés de plus de soixante ans ou de moins de vingt et un ans à *l'expiration de leur peine.*

Art. **8**. — Celui qui aurait encouru la relégation par application de l'art. 4 de la présente loi, s'il n'avait pas dépassé soixante ans, sera, après l'expiration de sa peine, soumis à perpétuité à l'interdiction de séjour édictée par l'art. 19 ci-après. — S'il est mineur de vingt et un ans, il sera, après l'expiration de sa peine, retenu dans une maison de correction jusqu'à sa majorité.

(*b*) Mais il y a lieu à la contrainte par corps.

« pour vol, escroquerie, abus de confiance, outrage public
« à la pudeur, excitation habituelle de mineurs à la débauche,
« vagabondage ou mendicité par application des art. 277 et
« 279 du Code pénal. »

§ 3. — « Quatre condamnations soit à l'emprisonnement, pour
« faits qualifiés crime, soit à plus de trois mois d'emprisonne-
« ment pour les délits spécifiés au § 2 ci-dessus. »

§ 4. — « Sept condamnations dont deux au moins prévues
« par les deux §§ précédents, et les autres soit pour vagabon-
« dage, soit pour infraction à l'interdiction de résidence si-
« gnifiée par application de l'art. 19 de la présente loi, à
« condition que deux de ces autres condamnations soient à
« plus de trois mois d'emprisonnement (a). »

En exécution de ces dispositions de loi,

L*A* C*OUR* dit que N..... sera relégué à l'expiration de sa
peine.

Et, attendu que cette peine accessoire est perpétuelle, dit
qu'il n'y a lieu de prononcer contre lui l'interdiction de séjour (b).

PÉRIODE DÉCENNALE PROLONGÉE.

Arrêt. En ce qui touche la relégation,

Attendu qu'à cette audience, N..... a reconnu avoir encouru et subi les condamnations ci-dessous, portées à son
casier judiciaire :

1° (*Peine*) prononcée contre lui par jugement du Tribunal
(*ou arrêt de la Cour*) de....., en date du......, pour (*nature de l'infraction*).

2° (*Enumérer ainsi tous les jugements ou arrêts qui* font remonter la période décennale).

3°....., etc.

Attendu qu'il résulte des extraits de jugement, des renseignements fournis par l'administration pénitentiaire et joints
au dossier et des aveux de N....., qu'il a subi intégralement
les peines ci-dessus relatées (*sauf telle peine confondue avec telle autre,
et telle peine réduite par voie de grâce*).

Qu'en conséquence, la période décennale dans laquelle

doivent être comprises les condamnations servant de base à la relégation et qui auraient dû s'arrêter au (*dix ans à partir du crime réprimé dans l'arrêt*) doit être augmenté de..... ans..... mois..... jours, ce qui la reporte à la date du.....

Attendu que, dans cet intervalle, N..... a encouru les condamnations suivantes portées à son casier judiciaire et qu'il reconnaît lui être applicables :

1° (*peine prononcée*) prononcée contre lui par jugement (*ou arrêt*) contradictoire (*s'il est par défaut, indiquer la date de la signification à personne, ou s'il a été signifié autrement qu'à personne, la date de l'exécution, et celle à laquelle il est devenu définitif*) du Tribunal (*ou de la Cour*) de....., en date du....., pour...... (*nature de l'infraction*) commis le..... (*date de l'infraction*).

2° (*Enumérer ainsi tous les jugements ou arrêts entraînant la relégation*).

3°....., etc.

Attendu que toutes ces condamnations sont définitives et que les peines n'ont pas été confondues ;

Attendu que la date des faits qui les ont motivées est postérieure à l'époque à laquelle la précédente condamnation était devenue définitive ; qu'il en est de même du crime (*ou délit*) qui a motivé la peine de....., prononcée par le présent arrêt.

Attendu que N..... n'a pas été réhabilité.

Attendu, en conséquence, qu'il a judiciairement reçu les avertissements qui le constituent en état de récidive au point de vue de la relégation, et qu'il se trouve dans le cas prévu par l'art. 4, §§ *1, 2, 3 ou 4* de la loi du 27 mai 1885, ainsi conçu :

Art. **4**. — « Seront relégués les récidivistes qui, dans « quelque ordre que ce soit, et dans un intervalle de dix ans, « non compris la durée de toute peine subie, auront encouru « les condamnations énumérées à l'un des §§ suivants :

§ 1. — « Deux condamnations aux travaux forcés ou à la « réclusion, sans qu'il soit dérogé aux dispositions des §§ 1 « et 2 de l'art. 6 de la loi du 30 mai 1854. »

§ 2. — « Une des condamnations énoncées au § précédent « et deux condamnations soit à l'emprisonnement pour faits « qualifiés crime, soit à plus de trois mois d'emprisonnement « pour vol, escroquerie, abus de confiance, outrage public à « la pudeur, excitation habituelle de mineurs à la débauche, « vagabondage ou mendicité par application des art. 277 et « 279 C. pén. »

(a) *Individus âgés de moins de vingt et un ans ou de plus de soixante ans à l'expiration de leur peine*, v° page 73, note *a*.

(b) Mais il y a lieu à contrainte par corps.

75

§ 3. — « Quatre condamnations soit à l'emprisonnement
« pour faits qualifiés crimes, soit à plus de trois mois d'em-
« prisonnement pour les délits spécifiés au § 2 ci-dessus. »

§ 4. — « Sept condamnations, dont deux au moins prévues
« par les deux §§ précédents, et les autres, soit pour vagabon-
« dage, soit pour infraction à l'interdiction de résidence signi-
« fiée par application de l'art. 19 de la présente loi, à la
« condition que deux de ces autres condamnations soient à
« plus de trois mois d'emprisonnement (a). »

En exécution de ces dispositions de loi,

La Cour dit que N..... sera relégué à l'expiration de sa
peine.

Et attendu que cette peine accessoire est perpétuelle, dit
qu'il n'y a lieu de prononcer contre lui l'interdiction de
séjour (b).

76

PUISSANCE PATERNELLE.

I. — DÉCHÉANCE OBLIGATOIRE.

Arrêt. Attendu que N..... vient d'être condamné par le présent arrêt à la peine de....., pour.....

Qu'à raison de cette condamnation, il encourt de plein droit la déchéance de la puissance paternelle aux termes de l'art. 1 de la loi du 24 juillet 1889, ainsi conçu :

Art. 1. — « Les père et mère et ascendants sont déchus de « plein droit à l'égard de tous leurs enfants et descendants, « de la puissance paternelle, ensemble de tous les droits qui « s'y rattachent, notamment ceux énoncés aux art. 108, 141, « 148, 150, 151, 346, 361, 372 à 387, 389, 390, 391, 397, « 477 et 935, C. civ., à l'art. 3 du décret du 22 février 1851, « et à l'art. 46 de la loi du 27 juillet 1872 :

« 1° S'ils sont condamnés par application du § 2 de l'art. « 334 C. pén.

« 2° S'ils sont condamnés, soit comme auteurs, coauteurs « ou complices d'un crime commis sur la personne d'un ou « plusieurs de leurs enfants, soit comme coauteurs ou com- « plices d'un crime commis par un ou plusieurs de leurs enfants.

« 3° S'ils sont condamnés deux fois comme auteurs, coau- « teurs ou complices d'un délit commis sur la personne d'un « ou plusieurs de leurs enfants.

« 4° S'ils sont condamnés deux fois pour excitation habi- « tuelle de mineurs à la débauche. »

La Cour, faisant droit aux conclusions du Ministère public, Ouï l'accusé et son défenseur en leurs observations,

Déclare N....., déchu des droits de la puissance paternelle à l'égard de tous ses enfants et descendants.

Investit de ses droits la dame N....., sa femme.

Ou bien : le sieur X..... (oncle des mineurs), *ou bien :* l'Assistance publique.

77

II. — DÉCHÉANCE FACULTATIVE.

Arrêt.   Attendu que N..... vient d'être condamné par le présent arrêt à la peine de..... pour.....

Qu'à raison de cette condamnation, il encourt la déchéance de la puissance paternelle aux termes des art. 1 et 2 de la loi du 24 juillet 1889 ainsi conçus :

Art. 1, § 1. — « Les père et mère et ascendants sont « déchus de plein droit, à l'égard de tous leurs enfants et « descendants, de la puissance paternelle, ensemble de tous « les droits qui s'y rattachent, notamment ceux énoncés « aux art. 108, 141, 148, 150, 151, 346, 361, 372 à 387, « 389, 390, 391, 397, 477 et 935 C. civ., à l'art. 3 du « décret du 22 février 1851 et à l'art. 46 de la loi du 27 « juillet 1872. »

Art. 2. — « Peuvent être déclarés déchus des mêmes « droits :

« 1° Les père et mère condamnés aux travaux forcés à « perpétuité ou à temps, ou à la réclusion comme auteurs, « coauteurs ou complices d'un crime autre que ceux prévus « par les art. 86 à 101 C. pén.

« 2° Les père et mère condamnés deux fois pour un des « faits suivants : séquestration, suppression, exposition ou « abandon d'enfants, ou pour vagabondage.

« 3° Les père et mère condamnés par application de l'art. 2, « § 2, de la loi du 23 janvier 1873 (*ivresse en récidive correctionnelle*), « ou des art. 1, 2 et 3 de la loi du 7 décembre 1874 (*emploi des enfants à des tours périlleux, remise des enfants à des vagabonds, etc.; emploi des enfants à la mendicité habituelle*).

« 4° Les père et mère condamnés une première fois pour « excitation habituelle de mineurs à la débauche. »

La Cour, faisant droit aux réquisitions du Ministère public,

Ouï l'accusé et son défenseur,

Déclare N..... déchu des droits de la puissance paternelle à l'égard de tous ses enfants et descendants.

Investit de ses droits la dame N....., sa femme, *ou bien :* le sr X..... (oncle ou aïeul de ses enfants), *ou bien :* l'Assistance publique.

DÉGRADATION DE LA LÉGION D'HONNEUR ET DES MÉDAILLES MILITAIRES.

I. — LÉGION D'HONNEUR.

Ordonnance.

Vu les art. 42 et 43 du décret du 16 mars 1852, organique de la Légion d'honneur, ainsi conçus :

Art. **42**. — « Les Procureurs généraux près les Cours « d'appel, et les rapporteurs auprès des Conseils de guerre « ne peuvent faire exécuter aucune peine infamante contre « un membre de la Légion d'honneur, qu'il n'ait été dé- « gradé. »

Art. **43**. — « Pour cette dégradation, le Président de la « Cour d'appel, sur la réquisition de l'Avocat général, pro- « nonce, immédiatement après la lecture du jugement, la « formule suivante : « Vous avez manqué à l'honneur ; je « déclare au nom de la Légion que vous avez cessé d'en être « membre. »

En exécution de ces dispositions de loi,
Nous, *Président de la Cour d'assises*, disons à N..... :
« Vous avez manqué à l'honneur. Nous déclarons, au nom « de la Légion, que vous avez cessé d'en être membre. »

II. — MÉDAILLE MILITAIRE.

Ordonnance.

Vu les art. 42 du décret du 16 mars 1852, et 6 du décret du 24 novembre 1852, ainsi conçus :

« Art. **42**. — Les Procureurs généraux auprès des Cours « d'appel et les rapporteurs auprès des Conseils de guerre ne « peuvent faire exécuter aucune peine infamante contre un « membre de la Légion d'honneur, qu'il n'ait été dégradé. »

Art. **6**. — « Les dispositions du titre 6 du décret du 16 « mars dernier sur l'Ordre de la Légion d'honneur, ainsi que « le présent décret sont applicables aux décorés de la Médaille « militaire. En cas de dégradation d'un décoré de la Médaille « militaire, le Président de la Cour ou du Conseil de guerre

Dégradatio

(A) **Médaille d'Italie.** — *Art. 1 du décret du 24 oct. 1859.* — Les dispositions du titre 6 du décret du 16 mars 1852 et du décret du 24 novembre suivant sont applicables aux titulaires de la médaille commémorative de la campagne d'Italie.

Médaille de Chine. — *Art. 1 du décret du 25 mars 1861.* — Les dispositions disciplinaires du titre 6 du décret du 16 mars 1852 et du décret du 24 novembre suivant sont applicables aux titulaires de la médaille commémorative de l'expédition de Chine.

Médaille du Mexique. — *Art. 1 du décret du 15 mars 1864.* — Les dispositions disciplinaires du titre 6 du décret du 16 mars 1852 et du décret du 24 novembre suivant sont applicables aux titulaires de la médaille commémorative de l'expédition du Mexique.

Médaille du Tonkin. — *Art. 1 du décret du 30 déc. 1885.* — Les dispositions disciplinaires des décrets des 16 mars 1852, 24 nov. 1852 (14 avr. et 9 mai 1847), sont applicables aux titulaires de la médaille commémorative du Tonkin.

« prononce immédiatement après la lecture du jugement, la
« formule suivante : « Vous avez manqué à l'honneur; je
« déclare que vous cessez d'être décoré de la médaille mili-
« taire. »

En exécution de ces dispositions de loi,
Nous, Président de la Cour d'assises, disons à N..... :
« Vous avez manqué à l'honneur. Nous déclarons que vous
« cessez d'être décoré de la Médaille militaire. »

III. — MÉDAILLES DE SAINTE-HÉLÈNE, CRIMÉE, BALTIQUE, ETC.

Ordonnance. Vu les art. (*A*) 1 du décret du 26 février 1858, 42 du décret du
du 6 mars 1852, 6 du décret du 24 novembre 1852, lesquels
sont ainsi conçus :

(A) **1** du décret du 26 février 1858. — « Les dispositions du titre 6 du
« décret du 16 mars 1852 et du 24 novembre suivant sont applicables aux titu-
« laires de la médaille de *Sainte-Hélène*, et des médailles commémoratives de
« *Crimée* et de la *Baltique*. »

42 du décret du 6 mars 1852. — « Les Procureurs géné-
« raux auprès des Cours d'appel et les rapporteurs auprès des
« Conseils de guerre ne peuvent faire exécuter aucune peine
« infamante contre un membre de la Légion d'honneur, qu'il
« n'ait été dégradé. »

6 du décret du 24 novembre 1852. — « Les dispositions du
« titre 6 du décret du 16 mars dernier sur l'ordre de la Légion
« d'honneur, ainsi que le présent décret, sont applicables aux
« décorés de la Médaille militaire. En cas de dégradation d'un
« décoré de la Médaille militaire, le Président de la Cour ou
« du Conseil de guerre prononce, immédiatement après la
« lecture du jugement, la formule suivante : « Vous avez man-
« qué à l'honneur. Je déclare que vous cessez d'être décoré de
« la Médaille militaire. »

En exécution de ces dispositions de loi,
Nous, Président de la Cour d'assises, disons à N..... :
Vous avez manqué à l'honneur. Nous déclarons que vous
cessez d'être décoré de la médaille (de *Sainte-Hélène*), (de *Crimée*),
(de la *Baltique*), (d'*Italie*), (de *Chine*), (du *Mexique*), (du *Tonkin*).

CONTRAINTE PAR CORPS.

Art. **52** C. pén. — « L'exécution des condamnations à
« l'amende, aux restitutions, aux dommages-intérêts et aux
« frais, pourra être poursuivie par la voie de la contrainte
« par corps. »

Parties civiles. Art. **4** de la loi du 22 juillet 1867. — « Les arrêts et jugements contenant
« des condamnations en faveur des particuliers, pour réparation de crimes,
« délits ou contraventions commis à leur préjudice, sont exécutés par la voie
« de la contrainte par corps. »

Art. **9** de la loi du 22 juillet 1867. — « La durée de la con-
« trainte par corps est réglée ainsi qu'il suit :

Durée. « De 2 à 20 jours lorsque l'amende et les autres condam-
« nations n'excèdent pas . . . .   50 fr.
« De 20 à 40 jours lorsqu'elles sont supérieures
« à 50 fr. et n'excèdent point . . . .   100 fr.
« De 40 à 60 jours lorsqu'elles sont supérieures
« à 100 fr. et n'excèdent point. . . . .   200 fr.
« De 2 à 4 mois lorsqu'elles sont supérieures
« à 200 fr. et n'excèdent point. . . . .   500 fr.
« De 4 à 8 mois lorsqu'elles sont supérieures
« à 500 fr. et n'excèdent pas. . . . . 2,000 fr.
« De 1 an à 2 ans lorsqu'elles s'élèvent à plus de 2,000 fr.

« En matière de simple police, la contrainte par corps ne
« peut excéder cinq jours. »

Mineurs de 16 ans. Art. **13.** — « Les Tribunaux ne pourront exercer la con-
« trainte par corps contre les individus âgés de moins de
« seize ans accomplis à l'époque des faits qui ont motivé la
« poursuite. »

Sexagénaires. Art. **14.** — « Si le débiteur a commencé sa 60ᵉ année, la
« contrainte par corps est réduite à la moitié de la durée fixée
« par le jugement, sans préjudice des dispositions de l'art.
« 10. »

*Contrainte
corps.*

Sursis.

Art. **17.** — « Les Tribunaux peuvent, dans l'intérêt des « enfants mineurs du débiteur et par le jugement de condam- « nation, surseoir pendant une année au plus à l'exécution de « la contrainte par corps. »

Parents.

Art. **15.** — « La contrainte par corps ne peut être pro- « noncée ou exercée contre le débiteur au profit : 1° de son « conjoint; 2° de ses ascendants, descendants, frères ou sœurs; « 3° de son oncle ou de sa tante, de son grand-oncle ou de sa « grand'tante, de son neveu ou de sa nièce, de son petit-neveu « ou de sa petite-nièce, ni de ses alliés au même degré. »

(*a*) Art. **340** C. instr. crim. — Si l'accusé a moins de seize ans, le Président posera, à peine de nullité, cette question : « L'accusé a-t-il agi *avec* discernement? »

S'il n'y a pas de contestation sur l'âge, le Président peut poser la question ainsi : « L'accusé, âgé de moins de seize ans au moment du crime, a-t-il agi avec discernement? »

S'il y a contestation sur l'âge, deux questions sont nécessaires :

1° N.., était il âgé de moins de seize ans à l'époque du crime?
2° N... a-t-il agi avec discernement?

La réponse affirmative sur le discernement doit être faite *à la majorité*. — Cass., 5 sept. 1835. B. cr., n° 345.

La question de discernement doit être posée d'une manière *distincte pour chaque chef d'accusation*. — Cass., 9 févr. 1854. B. cr., n° 30.

MINEUR DE SEIZE ANS (*a*).

I. — ACQUITTÉ COMME AYANT AGI SANS DISCERNEMENT.

Arrêt. Vu la déclaration du Jury portant que N..... est coupable de....., mais qu'il a agi sans discernement;

Ouï le Ministère public en ses réquisitions;

Ouï le Conseil de l'accusé, et l'accusé lui-même qui a eu la parole le dernier;

Vu les art. 66 C. pén., *55 C. pén.*, 1382 C. civ., 368 C. instr. cr., ainsi conçus :

66 C. pén. — « Lorsque l'accusé aura moins de seize ans, « s'il est décidé qu'il a agi sans discernement, il sera ac- « quitté, mais il sera alors, selon les circonstances, remis à « ses parents ou conduit dans une maison de correction pour « y être élevé et détenu pendant tel nombre d'années que le « jugement déterminera et qui, toutefois, ne pourra excéder « l'époque où il aura accompli sa vingtième année. »

1382 C. civ. — « Tout fait quelconque de l'homme qui « cause à autrui un dommage, oblige celui par la faute duquel « il est arrivé à le réparer. »

368 C. instr. cr. — « L'accusé ou la partie civile qui suc- « combera sera condamné aux dépens envers l'État et envers « l'autre partie. »

55 C. pén. — « Tous les individus condamnés pour un même crime ou pour « un même délit, seront tenus solidairement des amendes, des restitutions, des « dommages-intérêts et des frais. »

Attendu que, bien qu'il y ait lieu de prononcer l'absolution de N....., il doit être condamné aux frais qu'il a occasionnés par sa faute.

La Cour, après en avoir délibéré, déclare N..... acquitté de l'accusation;

Ordonne qu'il sera remis à ses parents (*ou conduit dans une maison de correction pour y être élevé et détenu jusqu'à sa .... année*).

(*a*) Art. **19** de la loi du 27 mai 1885. — La peine de la surveillance de la haute police est supprimée. Elle est remplacée par la défense faite au condamné de paraître dans les lieux dont l'interdiction lui sera signifiée par le Gouvernement avant sa libération.

Le condamne (*ou les condamne solidairement*) aux frais envers l'État.

Au Condamné.　　N....., vous avez trois jours francs pour vous pourvoir en cassation contre l'arrêt que vous venez d'entendre. — Passé ce délai, vous n'y seriez plus recevable.

N....., vous êtes libre.

Ou bien : Qu'on emmène le condamné.

II. — MINEUR DE SEIZE ANS AYANT AGI AVEC DISCERNEMENT.

Art. **67** C. pén. — S'il est décidé qu'il (le mineur) a agi avec discernement, les peines seront prononcées ainsi qu'il suit :

— S'il a encouru la peine de *mort, des travaux forcés à perpétuité;* de la déportation, il sera condamné à la peine de dix à vingt ans d'emprisonnement dans une maison de correction.

— S'il a encouru la peine des *travaux forcés à temps, de la détention ou de la réclusion,* il sera condamné à être enfermé dans une maison de correction pour un temps égal au tiers au moins, et à la moitié au plus de celui pour lequel il aurait pu être condamné à l'une de ces peines.

— Dans tous les cas, il pourra être mis par l'arrêt ou le jugement sous la surveillance de la haute police, pendant cinq ans au moins et dix ans au plus (*a*).

— S'il a encouru la peine de la dégradation civique ou du bannissement, il sera condamné à être enfermé d'un an à cinq ans dans une maison de correction.

Art. **69** C. pén. — Dans le cas où le mineur de seize ans n'aura commis qu'un *simple délit*, la peine qui sera prononcée contre lui ne pourra s'élever au-dessus de la moitié de celle à laquelle il aurait pu être condamné s'il avait eu seize ans.

PEINES SANS CIRCONSTANCES ATTÉNUANTES : *s'il eût été majeur.*	PEINES *SANS CIRCONSTANCES ATTÉNUANTES* d'après l'art. 67 du Code pénal.	PEINES *AVEC CIRCONSTANCES ATTÉNUANTES* d'après l'art. 67 du Code pénal.
Mort.	10 à 20 ans d'emprisonnement dans une maison de correction. — Surveillance facultative	10 à 20 ans de correction. 20 mois à 10 ans de correction. — Surveillance facultative (dans les deux cas).
Travaux forcés à perpétuité. . . .	10 à 20 ans d'emprisonnement dans une maison de correction. — Surveillance facultative	20 mois à 10 ans de correction. 20 mois à 5 ans de correction. — Surveillance facultative (dans les deux cas).
Travaux forcés à temps.	De 20 mois à 10 ans de correction. — Surveillance facultative	20 mois à 5 ans de correction. 8 mois à 2 ans et 6 mois de correction. — Surveillance facultative (dans les deux cas).
Réclusion. . . .	De 20 mois à 5 ans de correction. — Surveillance facultative	4 mois à 2 ans et 6 mois de correction. — Surveillance facultative.
Emprisonnement (délit). . . .	Moitié de la peine qu'il aurait encourue s'il avait eu plus de seize ans.	

ABUS DE CONFIANCE.

Art. **408** C. pén. — Quiconque aura détourné ou dissipé au préjudice des propriétaires, possesseurs ou détenteurs, des effets,
deniers, marchandises, billets, quittances, ou tous autres écrits
contenant ou opérant obligation ou décharge, qui ne lui auraient
été remis qu'à titre de louage, de dépôt, de mandat, de nantis-
sement, de prêt à usage, ou pour un travail salarié ou non salarié,
à la charge de les rendre ou représenter, ou d'en faire un usage
ou un emploi déterminé, sera puni des peines portées en l'art. 406.

§ 2. — Si l'abus de confiance prévu et puni par le précédent §,
a été commis par un *officier public ou ministériel,* ou *par un
domestique,* homme de service à gages, élève, clerc, *commis,*
ouvrier, compagnon ou apprénti, au préjudice de son maître, la
peine sera celle de la réclusion.

§ 3. — Le tout sans préjudice de ce qui est dit aux art. 254,
255 et 256, relativement aux soustractions et enlèvements de deniers, effets ou pièces, commis dans les dépôts publics.

Art. **406** C. pén. — Quiconque aura abusé des besoins, des faiblesses ou des passions
d'un mineur pour lui faire souscrire à son préjudice des obligations, quittances ou
décharges, pour prêt d'argent ou de choses mobilières, ou d'effets de commerce,
ou de tous autres effets obligatoires, sous quelque forme que cette négociation ait
été faite ou déguisée, sera puni d'un emprisonnement de deux mois au moins et de
deux ans au plus, et d'une amende qui ne pourra excéder le quart des restitutions
et des dommages-intérêts qui seront dus aux parties lésées, ni être moindre de
vingt-cinq francs.

§ 2. — La disposition portée au second § du précédent article pourra de plus être
appliquée.

Art. **405**, § 2, C. pén. — Le coupable pourra être, en outre, à compter du jour où il aura
subi sa peine, interdit pendant cinq ans au moins et dix ans au plus, des droits mentionnés en l'art. 42 du présent Code; le tout sauf les peines plus graves s'il y a un
crime de faux.

Art. **42** C. pén. — Vº *Emprisonnement (crime),* page 52, *suprà.*

(*A*) Questions subsidiaires. — V° *Meurtre*.

ASSASSINAT. — MEURTRE. — COUPS. — EMPOISONNEMENT (*a*).

I. — ASSASSINAT.

Art. **295, 296, 297, 298, 302, 303, 313** C. pén.

Art. **295.** — L'homicide commis volontairement est qualifié meurtre.

Art. **296.** — Tout meurtre commis avec préméditation ou guet-apens est qualifié assassinat.

Art. **297.** — La *préméditation* consiste dans le dessein formé avant l'action, d'attenter à la personne d'un individu déterminé, ou même de celui qui sera trouvé ou rencontré, quand même ce dessein serait dépendant de quelque circonstance ou de quelque condition.

Art. **298.** — Le *guet-apens* consiste à attendre plus ou moins de temps, dans un ou divers lieux, un individu, soit pour lui donner la mort, soit pour exercer sur lui des actes de violences.

Art. **302.** — Tout *coupable* d'assassinat, de parricide, d'infanticide et d'empoisonnement, sera *puni de mort,* sans préjudice de la disposition particulière contenue en l'art. 13 relativement au parricide.

Art. **303.** — Seront punis comme coupables d'assassinat, tous malfaiteurs, quelle que soit leur dénomination, qui pour l'exécution de leurs crimes emploient des *tortures* ou commettent des *actes de barbarie.*

Art. **313.** — Les crimes et délits prévus dans la présente section (*coups*) et dans la section précédente (*assassinat, meurtre, empoisonnement*) s'ils sont commis en *réunion séditieuse, avec rébellion* ou pillage, sont *imputables aux chefs*, auteurs, instigateurs et provocateurs de ces réunions, rébellions ou pillages, qui seront punis comme coupables de ces crimes ou de ces délits et condamnés aux mêmes peines que ceux qui les auront personnellement commis.

(A) **Questions subsidiaires.**

1° Dans *meurtre*, on peut poser le subsidiaire de *parricide*. — Cass., 15 déc. 1831. Pal., t. 24, p. 447.

2° Dans *meurtre*, on peut poser le subsidiaire de *coups volontaires* (plus ou moins aggravés). — Cass., 2 août 1816. Pal., t. 13, p. 577.

Cass., 1er nov. 1818. Dall., v° *Instr. crim.*, n° 2526.
Cass., 16 mai 1840. Bulletin, n° 138.
Cass., 11 mars 1840. Bulletin, n° 59.

3° Dans *tentative de meurtre*, on peut poser le subsidiaire de *coups volontaires* (plus ou moins graves). — Cass., 17 janv. 1889. Bulletin, n° 15.

4° Dans *meurtre*, on peut poser le subsidiaire d'*homicide par imprudence*.

Cass., 19 fruct. an VIII. Dall., v° *Instr. crim.*, n° 2513.
Cass., 26 nov. 1818. Dall., v° *Instr. crim.*, n° 2531.
Cass., 10 janv. 1822. Dall., v° *Instr. crim.*, n° 2531.
Ass. du Brabant, 21 mai 1834. Pal., t. 26, p. 542.

5° Dans *tentatives de meurtre avec armes de guerre*, on ne peut poser le subsidiaire de *port d'armes de guerre*. — Cass., 14 mars 1844. Bulletin, n° 99.

6° Dans *meurtre* ou assassinat *accompagné de vol*, on peut poser le subsidiaire de *vol avec violences*. — Cass., 16 mess. an VIII. Dall., v° *Instr. crim.*, n° 2513. — Cass., 9 sept. 1841. Dall., 41.1.437.

7° Dans *meurtre*, si on découvre à l'audience que c'était *pour voler*, le Président peut et doit interroger le Jury sur le vol non relevé et sur la concomitance (*Mais sur le vol, seulement en tant que circonstance aggravante*).

Cass., 14 nov. 1822. Bulletin, n° 165.
Cass., 3 oct. 1839. Sir. 40.1.90.
Cass., 9 déc. 1841. Dall., v° *Instr. crim.*, n° 2532.

8° Même solution si les débats révèlent un *viol* ou un *attentat à la pudeur*.

Cass., 20 mars 1812. Pal., t. 10, p. 259.
Cass., 3 avr. 1845. Bulletin, n° 121.

II. — MEURTRE (*A*).

Art. **295, 304, 313** C. pén.

Art. **295.** — L'homicide commis volontairement est qualifié meurtre.

Art. **304.** — Le meurtre emportera la peine de mort, lorsqu'il aura *précédé, accompagné ou suivi un autre crime.*

§ 2. — Le meurtre emportera également la peine de mort lorsqu'il aura eu pour objet soit de *préparer,* faciliter ou exécuter *un délit,* soit de favoriser la fuite ou d'assurer l'impunité des auteurs ou complices de ce délit.

§ 3. — En tout *autre cas,* le coupable sera puni des travaux forcés à perpétuité.

Art. **313.** — Les crimes et délits prévus dans la présente section (coups), et dans la section précédente (assassinat, meurtre, etc.), s'ils sont commis en *réunion séditieuse,* avec rébellion ou pillage, sont *imputables aux chefs,* auteurs, instigateurs et provocateurs de ces réunions, rébellions ou pillages, qui seront punis comme coupables de ces crimes ou de ces délits, et condamnés aux mêmes peines que ceux qui les auront personnellement commis.

Excuses en cas de meurtre.

Art. **321, 322, 323, 324, 325, 326** C. pén.

Art. **321.** — Le meurtre ainsi que les blessures et les coups sont excusables, s'ils ont été *provoqués par des coups* ou violences graves envers les personnes.

Art. **322.** — Les crimes et délits mentionnés au précédent article sont également excusables s'ils ont été commis en *repoussant pendant le jour l'escalade* ou l'effraction des clôtures, murs ou entrée d'une maison ou d'un appartement inhabité, ou de leurs dépendances.

Si le fait est arrivé *pendant la nuit,* le cas est réglé par l'art. 329.

Art. **323.** — Le *parricide* n'est *jamais excusable.*

Art. **324.** — Le meurtre *commis par l'époux sur l'épouse,* ou par celle-ci sur son époux n'est *pas excusable,* si la vie de l'époux ou de l'épouse qui a commis le meurtre n'a pas été mise en péril dans le moment même où le meurtre a eu lieu.

§ 2. — Néanmoins, dans le cas d'*adultère* prévu par l'art. 336, le meurtre commis par l'époux sur son épouse ainsi que sur le complice, à l'instant où il les surprend en *flagrant délit* dans la maison conjugale, est excusable.

Art. **325.** — Le crime de *castration*, s'il a été immédiatement *provoqué par un outrage violent à la pudeur*, sera considéré comme meurtre ou blessures excusables.

Art. **326.** — Lorsque le fait d'excuse sera prouvé.

S'il s'agit d'un crime emportant la peine de *mort*, ou celle des *travaux forcés à perpétuité*, ou celle de la *déportation*, la peine sera réduite à un emprisonnement d'un an à cinq ans.

S'il s'agit de *tout autre crime*, elle sera réduite à un emprisonnement de six mois à deux ans.

Dans ces deux premiers cas, les coupables pourront ne plus être mis sous la surveillance de la haute police pendant cinq ans au moins et dix ans au plus.

S'il s'agit d'un *délit*, la peine sera réduite à un emprisonnement de six jours à six mois.

Homicide, coups et blessures non punissables.

Art. **327, 328, 329** C. pén.

Art. **327.** — Il n'y a ni crime ni délit, lorsque l'homicide, les blessures et les coups étaient *ordonnés par la loi*, et *commandés par l'autorité légitime*.

Art. **328.** — Il n'y a ni crime ni délit, lorsque l'homicide, les blessures et les coups étaient commandés par la nécessité actuelle de la *légitime défense de soi-même ou d'autrui*.

Art. **329.** — Sont compris dans les cas de nécessité actuelle de défense les deux cas suivants :

1° Si l'homicide a été commis, si les blessures ont été faites ou si les coups ont été portés en *repoussant pendant la nuit l'escalade ou l'effraction* des clôtures, murs ou entrée d'une maison ou d'un appartement habité ou de leurs dépendances.

2° Si le fait a eu lieu en *se défendant contre les auteurs de vols* ou de pillages, exécutés avec violence.

(A) **Questions subsidiaires.**

1° Dans *coups*, on peut poser le subsidiaire de *meurtre* ou *tentative de meurtre*. — Cass., 8 vend. an VI. Dall., v° *Instr. crim.*, n° 2513.

2° Dans *coups* (*crime*), on peut poser le subsidiaire de *tentative* — Cass., 3 févr. 1821. Bulletin, n° 26.

3° Dans *coups*, on peut ajouter la circonstance : « *exercés sur un garde forestier dans l'exercice de ses fonctions.* » — Cass., 27 déc. 1821. Dall., v° *Instr. crim.*, n° 2527.

(B) *Coups et violences portés par des fonctionnaires. Art. 186 et 198 C. pén.* — Voir ces articles.

III. — COUPS ET BLESSURES VOLONTAIRES (*A*) (*B*).

Art. **309, 310, 311, 313** C. pén.

Art. **309.** — Tout individu qui, volontairement, aura fait des blessures ou porté des coups, ou commis toutes autres violences ou voies de fait, s'il est résulté de ces sortes de violences une *maladie ou incapacité de travail personnel pendant plus de vingt jours*, sera puni d'un emprisonnement de deux ans à cinq ans et d'une amende de 16 à 2,000 francs.

§ 2. — Il pourra en outre être privé des droits mentionnés en l'art. 42 (V° *note p. 52*) du présent Code pendant cinq ans au moins et dix ans au plus, à compter du jour où il aura subi sa peine.

§ 3. — Quand les violences ci-dessus exprimées auront été suivies de *mutilation*, amputation ou privation de l'usage d'un membre, cécité, perte d'un œil, ou autres infirmités permanentes, le coupable sera puni de la réclusion.

§ 4. — Si les coups portés ou les blessures faites volontairement, mais *sans intention de donner la mort*, *l'ont pourtant occasionnée*, le coupable sera puni de la peine des travaux forcés à temps.

Art. **310.** — Lorsqu'il y aura eu *préméditation* ou *guet-apens* la peine sera, si la mort s'en est suivie, celle des travaux forcés à perpétuité; si les violences ont été suivies de mutilation, amputation ou privation de l'usage d'un membre, cécité, perte d'un œil ou autres infirmités permanentes, la peine sera celle des travaux forcés à temps : dans le cas prévu par le § 1er de l'art. 309, la peine sera celle de la réclusion.

Art. **311.** — Lorsque les blessures ou les coups, ou autres violences ou voies de fait n'auront occasionné *aucune maladie ou incapacité de travail* personnelle de l'espèce mentionnée en l'art. 309, le coupable sera puni d'un emprisonnement de six jours à deux ans, et d'une amende de 16 francs à 200 francs, ou de l'une de ces deux peines seulement.

§ 2. — S'il y a eu *préméditation ou guet-apens*, l'emprisonnement sera de deux ans à cinq ans et l'amende de 50 francs à 500 francs.

Art. **313.** — V. *suprà*, p. 87.

Excuses.

V° *suprà*, art. 321-329 C. p., p. 87.

(*a*) Les coups ou blessures par un descendant à son ascendant sont excusables. — Cass., 10 janv. 1812. J. Pal., t. 10, p. 24.

(*A*) Questions subsidiaires.

1º Dans *empoisonnement*, on peut poser le subsidiaire de *tentative*.
Cass., 12 avr. 1817. Dall., vº *Instr. crim.*, nº 2542.
Cass., 31 mai 1866. Bulletin, nº 139.

90

Coups et blessures non punissables.

V° *suprà*, p. 88.

Coups et blessures envers ascendants.

Art. **312** C. pén. — L'individu qui aura volontairement fait des blessures ou porté des coups à ses père ou mère légitimes, naturels ou adoptifs, ou autres ascendants légitimes, sera puni ainsi qu'il suit :

— De la *réclusion,* si les blessures ou les coups n'ont occasionné aucune maladie ou incapacité de travail de l'espèce mentionnée en l'art. 309.

— Du *maximum de la réclusion,* s'il y a eu incapacité de travail pendant plus de vingt jours, ou préméditation, ou guet-apens.

— Des *travaux forcés à temps,* lorsque l'article auquel le cas se référera portera la peine de la réclusion.

— Des *travaux forcés à perpétuité*, si l'article prononce la peine des travaux forcés à temps.

Excuses (a). Voir *suprà*, art. 321-329, p. 87.

IV. — EMPOISONNEMENT (A).

Art. **301** et **302** C. pén.

Art. **301.** — Est qualifié empoisonnement tout attentat à la vie d'une personne par l'effet de substances qui peuvent donner la mort plus ou moins promptement, de quelque manière que ces substances aient été employées ou administrées, et quelles qu'en aient été les suites.

Art. **302.** — Tout coupable d'assassinat, de parricide, d'infanticide et d'empoisonnement, sera puni de mort, sans préjudice de la disposition particulière contenue en l'art. 13, relativement au parricide.

91

ASSOCIATION DE MALFAITEURS.

Art. 265, 266, 267 C. pén.

Art. **265**. — Toute *association* formée, quelle que soit sa durée ou le nombre de ses membres, toute entente établie dans le but de préparer ou de commettre des crimes contre les personnes ou les propriétés, constituent un crime contre la paix publique.

Art. **266**. — Sera puni de la peine des travaux forcés à temps quiconque se sera *affilié à une association* formée, ou aura participé à une entente établie dans le but spécifié à l'article précédent.

§ 2. — La peine de la relégation pourra, en outre, être prononcée, sans préjudice de l'application des dispositions de la loi du 30 mai 1854 sur l'exécution de la peine des travaux forcés.

§ 3. — Les personnes qui se seront rendues coupables du crime mentionné dans le présent article seront *exemptes de peines*, si, avant toute poursuite, elles ont *révélé* aux autorités constituées l'*entente* établie, ou fait connaître l'existence de l'association.

Art. **267**. — Sera puni de la réclusion quiconque aura sciemment et volontairement *favorisé les auteurs des crimes prévus à l'art*. 265, en leur fournissant des instruments de crime, moyens de correspondance, logement ou lieu de réunion. Le coupable pourra, en outre, être frappé, pour la vie ou à temps, de l'interdiction de séjour établie par l'art. 19 de la loi du 27 mai 1885. Seront toutefois applicables au coupable des faits prévus par le présent article les dispositions contenues dans le § 3 de l'art. 266.

(*A*) **Questions subsidiaires.**

1° Dans *attentat à la pudeur* on peut ajouter la circonstance aggravante de *domestique*. — Cass., 26 déc. 1823. Bulletin, n° 166; ou *d'aide d'un tiers*. — Cass., 8 janv. 1852. Bulletin, n° 5.

2° Dans *attentat à la pudeur* on peut poser le subsidiaire de *tentative*.

 Cass., 10 juill. 1817. Bulletin, n° 69.
 Cass., 10 juin 1830. Bulletin, n° 163.

3° Dans *attentat à la pudeur* on peut poser le subsidiaire *d'outrage public à la pudeur*. — Cass., 14 oct. 1826. Bulletin, n° 213.

 Ass. de la Vienne, 23 mai 1860. J. Pal., 1861, p. 79.

4° Dans *attentat à la pudeur avec violence*, on peut poser le subsidiaire *d'attentat à la pudeur sans violence* sur un enfant de moins de treize ans.

 Cass., 11 déc. 1851. Bulletin, n° 516.
 Cour de Paris (Ch. d'acc.), 29 mars 1853. Pal., t. 62, p. 476.
 Cass., 18 déc. 1858. Bulletin, n° 313.

5° Dans *attentat à la pudeur sans violence* on peut poser le subsidiaire de *coups et violences*, résultant, d'après les débats, des mêmes faits que ceux qui ont motivé le renvoi. — Cass., 25 nov. 1886. Bulletin, n° 396.

92

ATTENTAT A LA PUDEUR. — VIOL. — OUTRAGE PUBLIC A LA PUDEUR. — EXCITATION DE MINEURS A LA DÉBAUCHE.

Attentats à
pudeur, Vi

I. — ATTENTAT A LA PUDEUR (4).

§ 1. — Sans violence. — Art. 331, 333 C. pén.

Art. **331.** — Tout attentat à la pudeur consommé ou tenté *sans violence* sur la personne d'un enfant de l'un ou l'autre sexe âgé de *moins de treize ans*, sera puni de la réclusion.

§ 2. — Sera puni de la même peine l'attentat à la pudeur commis par tout *ascendant* sur la personne d'un *mineur*, même âgé de plus de treize ans, mais non émancipé par le mariage.

Art. **333.** — Si les coupables sont les *ascendants* de la personne sur laquelle a été commis l'attentat, s'ils sont de la classe de ceux qui ont *autorité* sur elle, s'ils sont ses *instituteurs* ou ses *serviteurs à gages*, ou *serviteurs à gages* des personnes ci-dessus mentionnées, s'ils sont *fonctionnaires* ou *ministres d'un culte*, ou si le coupable, quel qu'il soit, a été *aidé* dans son crime *par une ou plusieurs personnes*, la peine sera celle des travaux forcés à temps *dans le cas prévu par le § 1 de l'art.* 331, et des travaux forcés à perpétuité, dans les cas prévus par l'article précédent (332).

§ 2. — Avec violence. — Art. 332, §§ 3 et 4, 333 C. pén.

Art. **332,** § 3. — Quiconque aura commis un attentat à la pudeur, consommé ou tenté *avec violence* contre des individus de l'un ou l'autre sexe, sera puni de la réclusion.

§ 4. — Si le crime a été commis sur la personne d'un enfant *au-dessous de l'âge de quinze ans* accompli, le coupable subira la peine des travaux forcés à temps.

Art. **333.** — Si les coupables sont les *ascendants* de la personne sur laquelle a été commis l'attentat, s'ils sont de la classe de ceux qui ont *autorité* sur elle, s'ils sont ses *instituteurs* ou ses *serviteurs à gages*, ou *serviteurs à gages* des personnes ci-dessus mentionnées, s'ils sont *fonctionnaires* ou *ministres d'un culte*, ou si le coupable, quel qu'il

(*A*) **Questions subsidiaires.**

1° Dans *viol* on peut ajouter la circonstance aggravante de *domestique*. — Cass., 26 déc. 1823. Bulletin, n° 166; ou d'*aide de tiers*. — Cass., 8 janv. 1852. Bulletin, n° 5.

2° Dans *viol* on peut poser le subsidiaire de *tentative*. — Cass., 8 janv. 1852. Bulletin, n° 5.

3° Dans *viol* on peut poser le subsidiaire d'*attentat à la pudeur avec violence*.

    Cass., 16 janv. 1818. Bulletin, n° 7.
    Cass., 17 déc. 1836. Pal., t. 30, p. 50.
    Cass., 18 juin 1846. Dall., 46.4.35.
    Cass., 8 févr. 1849. Bulletin, n° 30.
    Cass., 8 janv. et 29 avr. 1852. Bulletin, n°ˢ 5 et 137.
    Cass., 9 sept. 1853. Bulletin, n° 458.

4° Dans *viol* on peut poser le subsidiaire d'*attentat à la pudeur sans violence*. — Cass., 18 déc. 1858. Bulletin, n° 313.

soit, a été *aidé dans son crime par une ou plusieurs personnes, la peine sera celle* des travaux forcés à temps dans le cas prévu par le § 1 de l'art. 331, et *des travaux forcés à perpétuité, dans les cas prévus par l'article précédent* (332).

II. — VIOL (A).

Art. **332**, §§ 1 et 2, et **333** C. pén.

Art. **332**, § 1. — Quiconque aura commis le crime de *viol*, sera puni des travaux forcés à temps.

§ 2. — Si le crime a été commis sur la personne d'un enfant *au-dessous de l'âge de quinze ans* accomplis, le coupable subira le maximum de la peine des travaux forcés à temps.

Art. **333**. — Si les coupables sont les *ascendants* de la personne sur laquelle a été commis l'attentat, s'ils sont de la classe de ceux qui ont *autorité* sur elle, s'ils sont ses *instituteurs*, ou ses *serviteurs à gages*, ou *serviteurs à gages* des personnes ci-dessus désignées, s'ils sont *fonctionnaires* ou *ministres d'un culte*, ou si le coupable, quel qu'il soit, a été *aidé* dans son crime *par une ou plusieurs personnes, la peine sera celle* des travaux forcés à temps dans le cas prévu par le § 1 de l'art. 331, et *des travaux forcés à perpétuité dans les cas prévus par l'article précédent* (332).

III. — OUTRAGE PUBLIC A LA PUDEUR.

Art. **330** C. pén. — Toute personne qui aura commis un outrage public à la pudeur sera punie d'un emprisonnement de trois mois à deux ans et d'une amende de seize francs à deux cents francs.

IV. — EXCITATION DE MINEURS A LA DÉBAUCHE.

Art. **334** C. pén. § 1. — Quiconque aura attenté aux mœurs en excitant, favorisant ou facilitant habituellement la débauche ou la corruption de la jeunesse de l'un ou de l'autre sexe au-dessous de l'âge de vingt et un ans, sera puni d'un emprisonnement de six mois à deux ans, et d'une amende de cinquante francs à cinq cents francs.

§ 2. — Si la prostitution ou la corruption a été excitée, favorisée ou facilitée par leurs *père, mère, tuteur, ou autres personnes chargées de leur surveillance*, la peine sera de deux ans à cinq ans d'emprisonnement et de trois cents francs à mille francs d'amende.

94

Art. **335** C. pén. — Les coupables du délit mentionné au précédent article seront interdits de toute tutelle ou curatelle, et de toute participation aux conseils de famille, savoir, les individus auxquels s'applique le 1er § de cet article pendant deux ans au moins et cinq ans au plus, et ceux dont il est parlé au second §, pendant dix ans au moins et vingt ans au plus. — Si le délit a été commis par le père ou la mère, le coupable sera de plus privé des droits et avantages à lui accordés sur la personne et les biens de l'enfant par le Code civil, livre 1er, titre IX de la Puissance paternelle.

Dans tous les cas, les coupables pourront de plus être mis, par l'arrêt ou le jugement, sous la surveillance de la haute police, en observant, pour la durée de la surveillance, ce qui vient d'être établi pour la durée de l'interdiction mentionnée au présent article.

(A) **Questions subsidiaires.**

1° On peut ajouter la circonstance aggravante de *sage-femme*. — Cass., 23 mai 1844. Bulletin, n° 179.

95

AVORTEMENT. — INFANTICIDE. — SUPPRESSION ET EXPOSITION D'ENFANT. — BIGAMIE.

I. — AVORTEMENT (A).

Art. 317 C. pén. — § 1. Quiconque, par aliments, breuvages, médicaments, violences ou par tout autre moyen, aura *procuré l'avortement* d'une femme enceinte, soit qu'elle y ait consenti ou non, sera puni de la réclusion.

§ 2. — La même peine sera prononcée contre la femme qui *se sera procuré l'avortement* à elle-même, ou qui aura consenti à faire usage des moyens à elle indiqués ou administrés à cet effet, si l'avortement s'en est suivi.

§ 3. — Les *médecins, chirurgiens* et *autres officiers de santé,* ainsi que les *pharmaciens* qui auront indiqué ou administré ces moyens, seront condamnés à la peine des travaux forcés à temps, dans le cas où l'avortement aurait eu lieu.

§ 4. — Celui qui aura occasionné à autrui une *maladie* ou incapacité de travail personnel, en lui *administrant* volontairement, de quelque manière que ce soit, *des substances* qui, sans être de nature à donner la mort, sont nuisibles à la santé, sera puni d'un emprisonnement d'un mois à cinq ans, et d'une amende de 16 francs à 500 francs. Il pourra, de plus, être renvoyé sous la surveillance de la haute police pendant deux ans au moins et dix ans au plus.

§ 5. — Si la *maladie* ou incapacité de travail a duré *plus de vingt jours,* la peine sera celle de la réclusion.

§ 6. — Si le coupable a commis soit le délit, soit le crime spécifié aux deux § ci-dessus, *envers un de ses ascendants* tels qu'ils sont désignés en l'art. 312, il sera puni, au premier cas, de la réclusion, et, au second cas, des travaux forcés à temps.

Art. 312, § 1. — L'individu qui aura volontairement fait des blessures ou porté des coups à ses père ou mère légitimes, naturels ou adoptifs, sera puni ainsi qu'il suit :.....

(*A*) **Questions subsidiaires.**

1° Dans *infanticide* on ne peut poser le subsidiaire d'*avortement*.

    Cass., 16 oct. 1817. Bulletin, n° 96.

    Cass., 30 janv. 1851. Bulletin, n° 37.

2° Dans *infanticide* on ne peut poser le subsidiaire de *suppression d'enfant*.

    Cass., 20 août 1825. Bulletin, n° 159.

    Cass., 19 avr. 1839. Bulletin, n° 131.

    Cass., 28 juin 1853. Bulletin, n° 214.

    Cass., 8 janv. 1892. Bulletin, n° 3.

Contrà, dans une espèce où l'arrêt avait renvoyé pour avoir fait disparaître son enfant. — Cass., 7 juill. 1837. Bulletin, n° 201.

3° Dans *infanticide* on peut poser le subsidiaire d'*homicide par imprudence*.

    Cass., 20 août 1825. Bulletin, n° 159.

    Cass., 6 janv. 1839. Bulletin, n° 5.

4° Dans *infanticide* on peut poser le subsidiaire d'*exposition d'enfant*. — Cass., 31 août 1855. Bulletin, n° 309.

(*B*) **Questions subsidiaires.**

1° Dans le cas du crime du § 1, on peut poser les subsidiaires des § 2 et 3 de l'art. 345. — Cass., 4 mars 1875. Bulletin, n° 79.

96

II. — INFANTICIDE (*A*).

Art. **300**, **295** et **302** C. pén.

Art. **300.** — Est qualifié infanticide le meurtre d'un enfant nouveau-né.

Art. **295.** — L'homicide commis volontairement est qualifié meurtre.

Art. **302.** — Tout coupable d'assassinat, de parricide, d'infanticide et d'empoisonnement, sera puni de mort, sans préjudice de la disposition particulière contenue en l'art. 13 relativement au parricide.

III. — SUPPRESSION D'ENFANT (*B*).

Art. **345** C. pén. — Les coupables d'enlèvement, de recelé, ou de suppression d'un enfant, de substitution d'un enfant à un autre, ou de supposition d'un enfant à une femme qui ne sera pas accouchée, seront punis de réclusion.

§ 2. — *S'il n'est pas établi que l'enfant ait vécu*, la peine sera d'un mois à cinq ans d'emprisonnement.

§ 3. — *S'il est établi que l'enfant n'a pas vécu*, la peine sera de six jours à deux mois d'emprisonnement.

§ 4. — Seront punis de la réclusion ceux qui, étant chargés d'un enfant, *ne le représenteront point* aux personnes qui ont le droit de le réclamer.

IV. — EXPOSITION D'ENFANT.

Art. **349**, **350**, **351**, 352, 353 C. pén.

Art. **349.** — Ceux qui auront exposé et délaissé en un *lieu solitaire* un enfant au-dessous de l'âge de sept ans accomplis, ceux qui auront donné l'ordre de l'exposer ainsi, si cet ordre a été exécuté, seront, pour ce seul fait, condamnés à un emprisonnement de six mois à deux ans, et à une amende de 16 à 200 francs.

Art. **350.** — La peine portée au précédent article sera de deux ans à cinq ans, et l'amende de 50 à 400 francs contre les *tuteurs ou tutrices, instituteurs ou institutrices* de l'enfant exposé ou délaissé par eux ou par leur ordre.

Art. **351.** — Si, par suite de l'exposition et du délaissement prévus par

les art. 349 et 350, *l'enfant est demeuré mutilé ou estropié*, l'action sera considérée comme blessures volontaires à lui faites par la personne qui l'a exposé ou délaissé ; et *si la mort s'en est suivie*, l'action sera considérée comme meurtre ; au premier cas, les coupables subiront la peine applicable aux blessures volontaires ; et au second cas, celles du meurtre.

Art. **352.** — Ceux qui auront exposé ou délaissé en un lieu non solitaire, un enfant au-dessous de l'âge de sept ans accomplis, seront punis d'un emprisonnement de trois mois à un an, et d'une amende de 16 à 100 francs.

Art. **353.** — Le délit prévu par le précédent article, sera puni d'un emprisonnement de six mois à deux ans et d'une amende de 25 à 200 francs, s'il a été commis par les *tuteurs* ou tutrices, *instituteurs* ou institutrices de l'enfant.

V. — BIGAMIE.

Art. **340** C. pén. — Quiconque étant engagé dans les liens du mariage, en aura contracté un autre avant la dissolution du précédent, sera puni de la peine des travaux forcés à temps.

§ 2. — L'officier public qui aura prêté son ministère à ce mariage, connaissant l'existence du précédent, sera condamné à la même peine.

1° Dans *banqueroute frauduleuse* on peut poser le subsidiaire de *banqueroute simple*. — Cass., 15 janv. 1814. Dall., v° *Instr. crim.*, n° 2531.

2° Dans *banqueroute frauduleuse* on ne peut poser le subsidiaire d'*escroquerie*. — Cass., 30 juin 1826. Bulletin, n° 129.

3° Dans *banqueroute frauduleuse* on ne peut poser le subsidiaire de *tenue d'une maison de prêt sur gage* sans autorisation. — Cass., 24 juin 1819. Bulletin, n° 72.

4° Dans *banqueroute frauduleuse* on peut poser le subsidiaire d'avoir fait des *écritures simulées*, ou de s'être constitué débiteur par des engagements sous seing privé. — Cass., 18 mars 1826. Bulletin, n° 51.

5° Dans *complicité de banqueroute frauduleuse* commise par sa femme, on ne peut poser vis-à-vis du mari la question de *banqueroute comme auteur principal*, s'il ne résulte pas des termes de la question qu'il s'agit du même commerce et de la même faillite. — Cass., 27 janv. 1865. Bulletin, n° 20.

6° Dans *complicité de banqueroute frauduleuse*, on ne peut plus poser le subsidiaire d'*abus de confiance* à moins que cet abus de confiance n'ait entraîné la dissimulation de l'actif ou du passif, et que ce caractère spécial soit formellement énoncé dans la question au Jury. — Cass., 7 juin 1845. Bulletin, n° 192.

98

BANQUEROUTE FRAUDULEUSE. — BANQUEROUTE SIMPLE. DÉLITS DES TIERS.

I. — BANQUEROUTE FRAUDULEUSE (*A*).

Art. **402**, § 1 et 2, C. pén., **600**, **591**, ₅₉₂ C. comm.

Art. **402**. — Ceux qui, dans les cas prévus par le Code de commerce, seront déclarés coupables de banqueroute, seront punis ainsi qu'il suit :

§ 2. — Les banqueroutiers frauduleux seront punis de la peine des travaux forcés à temps.

Art. **600** C. comm. — Tous arrêts et jugements de condamnation rendus tant en vertu du présent chapitre que des deux chapitres précédents, seront *affichés et publiés* suivant les formes établies par l'art. 42 C. comm., aux frais des condamnés.

Art. **42** C. comm. — L'extrait des actes de société en nom collectif et en commandite doit être remis, dans la quinzaine de leur date, au greffe du Tribunal de commerce de l'arrondissement dans lequel est établie la maison du commerce social, pour être transcrit sur le registre, *et affiché, pendant trois mois, dans la salle des audiences.*

Art. **591** C. comm. — Sera déclaré banqueroutier frauduleux et puni des peines portées au Code pénal, tout commerçant failli qui aura soustrait ses livres, détourné ou dissimulé une partie de son actif, ou qui, soit dans ses écritures, soit par des actes publics ou des engagements sous signature privée, soit par son bilan, se sera frauduleusement reconnu débiteur de sommes qu'il ne devait pas.

Art. **592** C. comm. — Les *frais de poursuite* en banqueroute frauduleuse ne pourront, en aucun cas, être mis à la charge de la masse; si un ou plusieurs créanciers se sont rendus parties civiles en leur nom personnel, les frais, en cas d'acquittement, demeureront à leur charge.

Complicité. — Art. **40** C. pén. **593**, **595** C. comm.

Art. **403** C. pén. — Ceux qui, conformément au Code de commerce, seront déclarés complices de banqueroute frauduleuse, seront punis de la même peine que les banqueroutiers frauduleux.

Art. **593** C. comm. Seront condamnés aux peines de banqueroute frauduleuse :

1° Les individus convaincus d'avoir, dans l'intérêt du failli, *sous-*

(*A*) **Questions subsidiaires.**

1° Dans *banqueroute simple*, on ne peut poser le subsidiaire *d'escroquerie*. — Cass., 30 juin 1826. Bulletin, n° 129.

2° Dans *banqueroute simple, pour achat et revente au-dessous du cours*, on peut poser le subsidiaire de *tenue de livres irréguliers*. — Cass., 12 septembre 1833. Bulletin, n° 374.

trait, recélé ou dissimulé tout ou partie de ses biens meubles ou immeubles, le tout sans préjudice des autres cas prévus par l'art. 60 C. pén.

2° Les individus convaincus d'avoir frauduleusement *présenté* dans la faillite et affirmé, soit en leur nom soit par interposition de personnes, *des créances supposées.*

3° Les individus qui, faisant le commerce sous le nom d'autrui ou sous un nom supposé, se seront rendus coupables des faits prévus par l'art. 591.

Art. **591** (*Voir p. 98, ci-dessus*).

Art. **595** C. comm. — Dans les cas prévus par les articles précédents, la Cour ou le Tribunal saisis, statueront, alors même qu'il y aurait acquittement : 1° d'office sur la réintégration à la masse des créanciers de tous biens, droits ou actions frauduleusement soustraits. — 2° Sur les dommages-intérêts qui seraient demandés et que le jugement ou l'arrêt arbitrera.

Art. **600** C. comm. (*Voir p. 98, ci-dessus*).

Agents de change et courtiers. — Art. **404** et **600** C. comm.

Art. **404** C. pén. — Les agents de change et courtiers qui auront fait faillite seront punis de la peine des travaux forcés à temps; s'ils sont convaincus de banqueroute frauduleuse, la peine sera celle des travaux forcés à perpétuité.

Art. **600** C. comm. (*Voir p. 98, ci-dessus*).

Art. **592** C. comm. (*Voir p. 98, ci-dessus*).

II. — BANQUEROUTE SIMPLE (*A*).

Art. **584** C. comm.; **402**, § 1 et 3, C. pén. — **600, 585, 586, 587, 588, 589, 590** C. comm.

Art. **584** C. comm. — Les cas de banqueroute simple seront punis des peines portées au Code pénal, et jugés par les Tribunaux de police correctionnelle, sur la poursuite des syndics, de tout créancier, ou du Ministère public.

Art. **402**, § 1 et 3, C. pén. — Ceux qui, dans les cas prévus par le Code de commerce, seront déclarés coupables de banqueroute, seront punis ainsi qu'il suit :

§ 3. — Les banqueroutiers simples seront punis d'un emprisonnement d'un mois au moins et de deux ans au plus.

Art. **600** C. comm. — Tous arrêts et jugements de condamnation rendus tant en vertu du présent chapitre que des deux chapitres précédents, seront affichés et publiés suivant les formes établies par l'art. 42 C. comm., aux frais des condamnés.

Art. **42.** — L'extrait des actes de société en nom collectif et en commandite, doit être remis, dans la quinzaine de leur date, au greffe du tribunal de commerce de l'arrondissement (*a*) Art. **69**. — Tout époux séparé de biens ou marié sous le régime dotal, qui embrasserait la profession de commerçant postérieurement à son mariage, sera tenu de faire pareille remise (d'un extrait de son contrat de mariage aux greffes de première instance et du Tribunal de commerce, ou de la mairie, si pas de Tribunal de commerce, et aux Chambres des avoués et notaires), dans le mois du jour où il aura ouvert son commerce; à défaut de cette remise, il pourra être, en cas de faillite, condamné comme banqueroutier simple.

Art. **70**. — La même remise sera faite, sous les mêmes peines, par tout époux séparé de biens ou marié sous le régime dotal, qui, au moment de la publication de la présente loi (28 mai 1838), exercerait la profession de commerçant.

dans lequel est établie la maison de commerce social, pour être transcrit sur le registre . et *affiché pendant trois mois à la salle des audiences*.

Art. **585** C. comm. — *Sera déclaré* banqueroutier simple, tout commerçant failli qui se trouvera dans un des cas suivants :

1° Si ses *dépenses* personnelles ou les dépenses de sa maison sont *jugées excessives*.

2° S'il a consommé de fortes sommes, soit à des *opérations de pur hasard*, soit à des opérations fictives de bourse ou sur marchandises.

3° Si, dans l'intention de retarder sa faillite, il a fait des *achats pour revendre au-dessous du cours;* si, dans la même intention, il s'est livré à des *emprunts, circulation d'effets*, ou autres moyens ruineux de se procurer des fonds.

4° Si, après cessation de ses paiements, il a *payé un créancier au préjudice de la masse*.

Art. **586** C. comm. — *Pourra être déclaré* banqueroutier simple tout commerçant failli qui se trouvera dans un des cas suivants :

1° S'il a *contracté pour le compte d'autrui*, sans recevoir des valeurs en échange, *des engagements* jugés *trop considérables* eu égard à sa situation lorsqu'il les a contractés.

2° S'il est de nouveau déclaré en faillite, *sans avoir satisfait aux obligations d'un précédent concordat*.

3° Si, étant marié, *sous le régime dotal*, ou *séparé de biens*, il ne s'est pas conformé aux art. 69 et 70 (*a*).

4° Si dans *les quinze jours de la cessation de ses paiements, il n'a pas fait au greffe la déclaration exigée* par les art. 438 et 439, ou, si cette déclaration ne contient pas les noms de tous les associés solidaires.

5° *Si, sans empêchement légitime, il ne s'est pas présenté* en personne aux syndics dans les cas et dans les délais fixés, ou si, après avoir obtenu un sauf-conduit, il ne s'est pas présenté à la justice.

6° S'il n'a *pas tenu de livres* et fait exactement inventaire, si ses livres ou inventaires sont incomplets ou irrégulièrement tenus, ou s'ils n'offrent pas .sa véritable situation active et passive, sans néanmoins qu'il y ait fraude.

Art. **587** C. comm. — Les *frais de poursuite* en banqueroute simple intentée *par le ministère public* ne pourront, en aucun cas, être mis à la charge de la masse. En cas de concordat, le recours du Trésor public contre le failli, pour ces frais, ne pourra être exercé qu'après l'expiration des termes accordés par le traité.

Art. **588** C. comm. — Les *frais de poursuite* intentée *par les syndics*, au nom des créanciers, seront supportés, s'il y a acquittement, par la masse, et, s'il y a condamnation, par le Trésor public, sauf son recours contre le failli, conformément à l'article précédent.

Art. **589** C. comm. — Les *syndics* ne pourront intenter de poursuite en banqueroute simple, ni se porter *parties civiles* au nom de la masse, qu'après y avoir été autorisés par une déclaration prise à la majorité individuelle des créanciers présents.

Art. **590** C. comm. — Les *frais de poursuite* intentée *par un créancier* seront supportés, s'il y a condamnation, par le Trésor public; s'il y a acquittement par le créancier poursuivant.

(a) Art. **600** C. comm., *applicable à ce délit*. Voir cet article, p. 98, ci-dessus.

101

III. — DÉLITS DES TIERS.

Art. 594, 595, 596, 597, 598 C. comm.

Art. **594** (*a*). — *Le conjoint*, les descendants ou les ascendants du failli, ou ses alliés au même degré, qui auraient *détourné*, diverti ou recélé des effets appartenant à la faillite, sans avoir agi de complicité avec le failli, seront punis des peines du vol.

Art. **595.** — Dans les cas prévus par les articles précédents, la Cour ou le Tribunal saisis, statueront, lors même qu'il y aurait acquittement : 1º d'office sur la *réintégration à la masse* des créanciers de *tous biens*, droits et actions frauduleusement *soustraits*.

2º Sur les *dommages-intérêts* qui seraient demandés et que le jugement ou l'arrêt arbitrera.

Art. **596** C. comm. (*a*). — Tout *syndic* qui se sera rendu coupable de *malversation* dans sa gestion, sera puni correctionnellement des peines portées en l'art. 406 C. pén.

Art. **406** C. pén. (Vº *suprà*, page 85).

Art. **597** C. comm. (*a*). — Le *créancier* qui aura *stipulé*, soit avec le failli, soit avec toutes autres personnes, des *avantages particuliers* à raison de son vote dans les délibérations de la faillite, ou qui aura fait un traité particulier duquel il résulterait, en sa faveur, un avantage à la charge de l'actif de la faillite, sera puni correctionnellement d'un emprisonnement qui ne pourra excéder une année, et d'une amende qui ne pourra être au-dessus de 2,000 francs. L'emprisonnement pourra être porté à deux ans, si le créancier est syndic de la faillite.

Art. **598** C. comm. — Les *conventions* seront en outre *déclarées nulles* à l'égard de toutes personnes, et même à l'égard du failli. Le créancier sera tenu de rapporter à qui de droit les sommes ou valeurs qu'il aura reçues en vertu de conventions annulées.

(A) **Questions subsidiaires.**

1° Dans *détournement de pièces par un fonctionnaire* on ne peut poser le subsidiaire de *concussion*. — Cass., 16 sept. 1819. Bulletin, n° 102.

(a) Art. **172** C. pén. — Dans les cas exprimés aux trois articles précédents, il sera toujours prononcé contre le condamné *une amende* dont le maximum sera le quart des restitutions et indemnités, et le minimum le douzième.

(L'amende doit être prononcée même en cas de circonstances atténuantes.)

102

D ÉTOURNEMENT PAR FONCTIONNAIRE. — CONCUSSION.

I. — DETOURNEMENT PAR FONCTIONNAIRE (*A*).

Art. **169, 170, 171, 172, 173** C. pén.

Art. **169.** — *Tout percepteur, tout commis à une perception, dépositaire ou comptable public* qui aura détourné ou soustrait des deniers publics ou privés, ou effets actifs en tenant lieu ou des pièces, titres, actes, effets mobiliers qui étaient entre ses mains en vertu de ses fonctions, sera puni des travaux forcés à temps si *les choses détournées ou soustraites sont d'une valeur au-dessus de 3,000 francs.*

Art. **172.** — Voir note *a* ci-contre.

Art. **170.** — La peine des travaux forcés à temps aura lieu également, *quelle que soit la valeur des deniers ou des effets détournés* ou soustraits, si cette valeur égale ou excède, soit le tiers de la recette ou du dépôt, s'il s'agit de deniers ou effets une fois reçus ou déposés, soit le cautionnement, s'il s'agit d'une recette ou d'un dépôt attaché à une place sujette à cautionnement, soit enfin le tiers du produit commun de la recette pendant un mois, s'il s'agit d'une recette composée de rentrées successives et non sujette à cautionnement.

Art. **171** (a). — Si les *valeurs* détournées ou soustraites sont *au-dessous de 3,000 francs*, et, en outre, inférieures aux mesures exprimées en l'article précédent, la peine sera un emprisonnement de deux ans au moins et de cinq au plus, et le condamné sera de plus, déclaré à jamais incapable d'exercer aucune fonction publique.

Art. **172.** — Voir note *a* ci-contre.

Art. **173** C. pén. — Tout *juge, administrateur, fonctionnaire* ou *officier public* qui aura détruit, supprimé, soustrait ou détourné les actes et titres dont il était dépositaire en cette qualité, ou qui lui auront été remis ou communiqués à raison de ses fonctions, sera puni des travaux forcés à temps.

§ 2. — Tous agents préposés ou commis, soit du Gouvernement, soit des dépositaires publics, qui se seront rendus coupables des mêmes soustractions, seront soumis à la même peine.

Art. **172.** — Voir note *a* ci-contre.

103

II. — CONCUSSION.

Art. **174** C. pén. — Tous fonctionnaires, tous officiers publics, leurs commis ou préposés, tous percepteurs des droits, taxes, contributions, deniers, revenus publics ou communaux, et leurs commis ou préposés, qui se seront rendus coupables du crime de concussion en ordonnant de percevoir, ou en exigeant ou en recevant ce qu'ils savaient n'être pas dû, ou excéder ce qui est dû pour droits, taxes, contributions, deniers ou revenus, ou pour salaires ou traitements, seront punis, savoir : les fonctionnaires ou les officiers publics, de la peine de la réclusion, et leurs commis ou préposés, d'un emprisonnement de deux ans au moins et de cinq ans au plus, *lorsque la totalité des sommes* indûment exigées ou reçues, ou dont la perception a été ordonnée, *a été supérieure à* 300 *francs.*

§ 2. — Toutes les fois que la totalité de ces *sommes n'excédera pas 300 francs,* les fonctionnaires ou les officiers publics ci-dessus désignés seront punis d'un emprisonnement de deux à cinq ans, et leurs commis ou préposés d'un emprisonnement d'une année au moins et de quatre ans au plus.

§ 3. — La *tentative* de ce délit sera punie comme le délit lui-même.

§ 4. — Dans tous les cas où la peine d'emprisonnement sera prononcée, les coupables pourront, en outre, être privés des *droits mentionnés en l'art. 42 du présent Code* (V. cet art. note, p. 52, *suprà*) pendant cinq ans au moins et dix ans au plus, à compter du jour où ils auront subi leur peine; ils pourront aussi être mis, par l'arrêt ou le jugement, sous la *surveillance de la haute police* pendant le même nombre d'années.

§ 5. — Dans tous les cas prévus par le présent article, les coupables seront *condamnés à une amende* dont le maximum sera le quart des restitutions et des dommages-intérêts et le minimum le douzième.

§ 6. — Les dispositions du présent article sont applicables aux *greffiers et officiers ministériels,* lorsque le fait a été commis à l'occasion des recettes dont ils sont chargés par la loi.

(A) **Questions subsidiaires.**

1° Dans *enlèvement de mineure par violence*, on peut poser la question subsidiaire de savoir si *la mineure âgée de moins de seize ans*, *n'a pas consenti à l'enlèvement* et volontairement suivi le ravisseur. — Cass., 30 nov. 1849. Bulletin, n° 333.

104

ENLÈVEMENT DE. MINEUR. — SÉQUESTRATION.

I. — ENLÈVEMENT DE MINEUR (*A*).

Art. **354, 355, 356, 357** C. pén.

Art. **354.** — Quiconque aura, par fraude ou violence, enlevé ou fait enlever des mineurs, ou les aura entraînés, détournés ou déplacés, ou les aura fait entraîner, détourner ou déplacer des lieux où ils étaient mis par ceux à l'autorité ou à la direction desquels ils étaient soumis ou confiés, subira la peine de la réclusion.

Art. **355.** — Si la personne ainsi enlevée ou détournée est une *fille au-dessous de seize ans* accomplis, la peine sera celle des travaux forcés à temps.

Art. **356.** — Quand *la fille au-dessous de seize ans aurait consenti à son enlèvement* ou suivi volontairement le ravisseur, si celui-ci était majeur de vingt et un ans ou au-dessus, il sera condamné aux travaux forcés à temps.

§ 2. — *Si le ravisseur n'avait pas encore vingt et un ans*, il sera puni d'un emprisonnement de deux à cinq ans.

Art. **357.** — *Dans le cas où le ravisseur aurait épousé la fille qu'il a enlevée*, il ne pourra être poursuivi que sur la plainte des personnes qui, d'après le Code civil, ont le droit de demander la nullité du mariage, ni condamné qu'après que la nullité du mariage aurait été prononcée.

105

II. — SEQUESTRATION.

Art. **341, 342, 343, 344** C. pén.

Art. **341.** — Seront punis de la peine des travaux forcés à temps ceux qui, sans ordre des autorités constituées et hors les cas où la loi ordonne de saisir des prévenus, auront arrêté, détenu ou séquestré des personnes quelconques.

§ 2. — Quiconque aura prêté un lieu pour exécuter la détention ou séquestration subira la même peine.

Art. **342.** — *Si la détention ou séquestration a duré plus d'un mois,* la peine sera celle des travaux forcés à perpétuité.

Art. **343.** — La peine sera réduite à l'emprisonnement de deux à cinq ans, si les coupables des délits mentionnés en l'art. 341, non encore poursuivis de fait, ont *rendu la liberté* à la personne arrêtée, séquestrée ou détenue, *avant le dixième jour* accompli depuis celui de l'arrestation, détention ou séquestration. Ils pourront néanmoins être renvoyés sous la surveillance de la haute police depuis cinq ans jusqu'à dix ans.

Art. **344.** — Dans chacun des deux cas suivants :

1° Si l'*arrestation* a été exécutée avec le *faux costume,* sous un *faux nom* ou sur un *faux ordre* de l'autorité publique;

2° Si l'*individu arrêté,* détenu ou séquestré a été *menacé de mort.*

Les coupables seront punis des travaux forcés à perpétuité.

Mais la peine sera celle de la mort, si les personnes arrêtées, détenues ou séquestrées ont été soumises à des *tortures corporelles.*

(A) **Questions subsidiaires.**

1º Dans *fabrication de fausse monnaie*, on peut poser le subsidiaire d'*émission de fausse monnaie*. — Cass., 19 avr. 1832. Pal., t. 24, p. 982.

2º Dans *fabrication de fausse monnaie d'argent*, on ne peut poser le subsidiaire de *fabrication de fausse monnaie de cuivre*. — Cass., 9 sept. 1839. Bulletin, nº 212.

3º Dans *émission de fausse monnaie*, on ne peut poser le subsidiaire d'*escroquerie qu'aucune circonstance indiquée dans la question ne rattache intimement au fait principal*. — Cass., 7 mai 1851. Bulletin, nº 165.

4º Si l'arrêt ne renvoie que pour *contrefaçon de* monnaie, le Président peut aussi interroger le jury sur l'*altération* de monnaie. — Cass., 18 avr. 1844. Bulletin, nº 142.

(*a*) Art. **164** C. pén. — Il sera prononcé contre les coupables *une amende* dont le minimum sera de 100 francs et le maximum de 3,000 francs; l'amende pourra cependant être portée jusqu'au quart du bénéfice illégitime que le faux aura procuré, ou était destiné à procurer aux auteurs du crime ou du délit, à leurs complices ou à ceux qui ont fait usage de la pièce fausse.

(*Cette amende doit être prononcée, même en cas de circonstances atténuantes. — Jurisprudence constante.*)

(*b*) Art. **163** C. pén. — L'application des peines portées contre ceux qui auront fait usage de monnaies, billets, sceaux, timbres, marteaux, poinçons, marques et écrits faux, contrefaits, fabriqués ou falsifiés, cessera, toutes les fois que le *faux n'aura pas été connu de la personne* qui aura fait usage de la chose fausse.

(*c*) **Excuses.** — Art. **138** C. pén. — Les personnes coupables des crimes mentionnés en l'art. 132, seront exemptes de peines si, avant la consommation de ces crimes, et avant toutes poursuites, elles en ont donné connaissance et *révélé les auteurs aux autorités* constituées, ou si, après les poursuites commencées, elles ont *procuré l'arrestation des autres coupables*.

§ 2. — Elles pourront néanmoins être mises, pour la vie ou à temps, sous la surveillance spéciale de la haute police.

106

FAUSSE MONNAIE. — CONTREFAÇON DE SCEAUX, ETC.

I. — FAUSSE MONNAIE (*A*).

Art. **132**, **133**, 134, 135 C. pén.

Art. **132**. — Quiconque aura contrefait ou altéré les *monnaies d'or ou* (*a*) *d'argent ayant cours légal en France*, ou participé à l'émission (*b*) ou exposition desdites monnaies contrefaites ou altérées, ou à leur (*c*) introduction sur le territoire français, sera puni des travaux forcés à perpétuité.

§ 2. — Celui qui aura contrefait ou altéré des *monnaies de billon* ou de cuivre, *ayant cours légal en France*, ou participé à l'émission ou exposition desdites monnaies contrefaites ou altérées, ou à leur introduction sur le territoire français, sera puni des travaux forcés à temps.

Art. **133**. — Tout individu qui aura, en France, *contrefait* ou altéré (*a*) *des monnaies étrangères*, ou participé à l'émission, exposition ou (*b*) introduction en France de monnaies étrangères contrefaites ou altérées, sera puni des travaux forcés à temps.

Fausse monn
Contrefaçon
sceaux, etc.

Art. **134**. — Sera puni d'un emprisonnement de six mois à trois ans, quiconque aura (*a*) *coloré les monnaies* ayant cours légal en France, ou les monnaies étrangères, dans (*b*) le but de tromper sur la nature du métal, ou les aura émises ou introduites sur le territoire français.

§ 2. — Seront punis de la même peine ceux qui auront participé à l'émission ou à l'introduction des monnaies ainsi colorées.

Art. **135**. — La participation énoncée aux précédents articles ne s'applique point à ceux qui, ayant reçu pour bonnes des pièces de monnaies contrefaites, altérées ou colorées, les auront remises en circulation.

§ 2. — Toutefois celui qui aura fait usage desdites pièces après en avoir vérifié ou fait vérifier les vices, sera puni d'une amende triple au moins et sextuple au plus de la somme représentée par les pièces qu'il aura rendues à la circulation, sans que cette amende puisse, en aucun cas, être inférieure à seize francs.

(*a*) **Amende.** — V° note *a*, page 106, *suprà*.

(*b*) Art. **163** C. pén. — V° note *b*, p. 106, *suprà*.

(*c*) **Excuses.** — Art. **144** C. pén. — Les dispositions de l'art. 138 sont applicables aux crimes mentionnés dans l'art. 139.

Art. **138** C. pén. — V° note *c*, page 106, *suprà*.

107

II. — CONTREFAÇON DE SCEAUX, ETC.

Art. **139, 140, 141,** 142, 143 C. pén.

Art. **139.** — Ceux qui auront *contrefait le sceau de l'État* ou fait usage
(a) du sceau contrefait.

(b) § 2. — Ceux qui auront contrefait ou falsifié, soit des *effets émis*
(c) *par le Trésor public* avec son timbre, soit des *billets de banque* autorisés par la loi, ou qui auront fait usage de ces effets et billets contrefaits ou falsifiés, ou qui les auront introduits dans l'enceinte du
territoire français.

§ 3. — Seront punis des travaux forcés à perpétuité.

Art. **140.** — Ceux qui auront contrefait ou falsifié soit un ou plusieurs
(a) *timbres nationaux,* soit les *marteaux de l'État* servant aux marques
(b) forestières, soit *le poinçon ou les poinçons* servant à marquer les
matières d'or ou d'argent, ou qui auront fait usage des papiers,
effets, timbres, marteaux et poinçons falsifiés ou contrefaits, seront
punis des travaux forcés à temps, dont le maximum sera toujours
appliqué dans ce cas.

Art. **141.** — Sera puni de la réclusion, quiconque s'étant indûment
(a) *procuré les vrais timbres, marteaux* ou *poinçons* ayant l'une des
destinations exprimées en l'art. 140, en aura fait *une application* ou
usage préjudiciable aux droits ou intérêts *de l'État.*

Art. **142.** — Ceux qui auront *contrefait les marques destinées à être apposées,* au nom du
(a) Gouvernement, *sur les* diverses espèces de *denrées* ou de marchandises, ou qui auront
(b) fait usage de ces fausses marques.

§ 2. — Ceux qui auront *contrefait le sceau,* timbre ou marque *d'une autorité quelconque,* ou qui auront fait usage des sceaux, timbres ou marques contrefaits : ceux qui
auront *contrefait les timbres-poste,* ou fait usage sciemment de timbres-poste contrefaits, seront punis d'un emprisonnement de deux ans au moins et de cinq ans au plus.

§ 3. — Les coupables pourront, en outre, être privés des droits mentionnés en l'art.
42 du présent Code (V° note, p. 52, *suprà*) pendant cinq ans au moins et dix ans au
plus, à compter du jour où ils auront subi leur peine.

§ 4. — Ils pourront ainsi être mis par l'arrêt ou le jugement sous la surveillance de
la haute police pendant le même nombre d'années.

§ 5. — Les dispositions qui précèdent seront applicables aux tentatives de ces mêmes
délits.

14

(*a*) **Amende.** — V° note *a*, page 106, *suprà*.

108

Art. **143.** — Quiconque s'étant indûment procuré les vrais sceaux, timbres ou marques ayant
(a) l'une des destinations exprimées en l'art. 142, en aura fait, ou tenté de faire une application ou un usage préjudiciable aux intérêts de l'Etat ou d'une autorité quelconque,
sera puni d'un emprisonnement de six mois à trois ans.

§ 2. — Les coupables pourront, en outre, être privés des droits mentionnés en l'art.
42 du présent Code (V° cet article en note, page 52, *suprà*) pendant cinq ans au moins
et dix ans au plus, à compter du jour où ils auront subi leur peine.

§ 3. — Ils pourront aussi être mis, par l'arrêt ou le jugement, sous la surveillance
de la haute police pendant le même nombre d'années.

(*a*) Art. **164**. — Il sera prononcé contre les coupables une *amende* dont le minimum sera de 100 francs, et le maximum de 3,000 francs; l'amende pourra cependant être portée jusqu'au quart du bénéfice illégitime que le faux aura procuré ou était destiné à procurer aux auteurs du crime ou du délit, à leurs complices ou à ceux qui ont fait usage de la pièce fausse.

(*L'amende doit être prononcée même en cas de circonstances atténuantes.* — Cass., 27 mai 1881.)

(*b*) Art. **149** C. pén. — Sont exceptés des dispositions ci-dessus, les *faux* commis *dans les passe-ports, feuilles de route et permis de chasse* sur lesquels il sera particulièrement statué ci-après (art. 153 à 158).

(*A*) Questions subsidiaires.

1° Dans *faux*, on peut poser le subsidiaire d'*usage de la pièce fausse.*

Cass., 18 oct. 1811. Pal., t. 9, p. 658.

Cass., 6 mai 1815. Pal., t. 12, p. 717.

Cass., 9 juill. 1835. Bulletin, n° 280.

2° Dans *faux*, on peut poser le subsidiaire de *tentative d'usage* de la pièce fausse. — Cass., 2 juill. 1835. Pal., t. 27, p. 412.

3° Dans *faux*, on ne peut poser le subsidiaire d'*escroquerie.* — Cass., 1er févr. 1844. Bulletin, n° 27.

Contrà, Cass., 23 août 1811. Pal., t. 9, p. 589.

4° Dans *faux* portant sur la *signature d'une acceptation,* on peut poser le subsidiaire de *faux sur la somme* portée dans l'effet. — Cass., 21 juin 1839. Dall., v° *Instr. crim.*, n° 2519.

5° Dans *faux* relatif à un *billet* contenant obligation, on ne peut poser le subsidiaire de *faux dans un billet à ordre, si on n'énonce dans la question aucune circonstance rattachant ce billet au précédent.* — Cass., 10 juill. 1851. Bulletin, n° 275.

6° Dans *faux en écriture de commerce*, le Président peut poser les questions subsidiaires de savoir si le *souscripteur et le bénéficiaire étaient commerçants.* — Cass., 21 janv. 1865. Bulletin, n° 17.

7° Dans l'accusation de *distribution de faux congé*, on peut poser le subsidiaire de « *auteur du faux.* » — Cass., 16 therm. an IX. Dall., v° *Instr. crim.*, n° 2513.

109

FAUX. — FAUX TÉMOIGNAGE. — SUBORNATION DE TÉMOINS.

I. — FAUX (*A*).

§ I. — **Faux en écriture authentique ou de commerce et usage** (*b*).

Art. **145, 146, 147, 148, 164** C. pén.

Art. **145.** — Tout *fonctionnaire ou officier public* qui, dans l'exercice de ses fonctions, aura commis un faux :

1° Soit pour fausse signature,

2° Soit par altération des actes, écritures ou signatures,

3° Soit par supposition de personnes,

4° Soit par des écritures faites ou intercalées sur des registres ou d'autres actes publics depuis leur confection ou clôture,

Sera puni des travaux forcés à perpétuité.

Art. **164** (Voir note *a* ci-contre).

Art. **146.** — Sera aussi puni des travaux forcés à perpétuité tout *fonctionnaire ou officier public,* qui, en rédigeant des actes de son ministère, en aura frauduleusement dénaturé la substance ou les circonstances, soit en *écrivant des conventions autres* que celles qui auraient été tracées ou dictées par les parties, soit en *constatant comme vrais des faits faux*, ou comme avoués des faits qui ne l'étaient pas.

Art. **164** (Voir note *a* ci-contre).

Art. **147.** — Seront punies des travaux forcés à temps toutes autres personnes qui auront commis un faux en écriture authentique et publique, ou en écriture de commerce ou de banque, — soit par contrefaçon ou altération d'écritures ou de signatures, — soit par fabrication de conventions, dispositions, obligations ou décharges, — soit par leur insertion après coup dans ces actes, soit par addition ou altération de clauses, de déclarations ou de faits que ces actes avaient pour objet de recevoir et de constater.

Art. **164** (Voir note *a* ci-contre).

Art. **148.** — Dans tous les cas exprimés au présent paragraphe, celui qui aura fait *usage des actes faux* sera puni des travaux forcés à temps.

(a) Art. **164**. — Il sera prononcé contre les coupables une *amende* dont le minimum sera de 100 francs et le maximum de 3,000 francs; l'amende pourra cependant être portée jusqu'au quart du bénéfice illégitime que le faux aura procuré ou était destiné à procurer aux auteurs du crime ou du délit, à leurs complices, ou à ceux qui ont fait usage de la pièce fausse.

(*L'amende doit être prononcée, même s'il existe des circonstances atténuantes.* — Cass., 27 mai 1881.)

110

Art. **16 $\frac{1}{4}$** (Voir note *a* ci-contre).

Art. **164.** — L'application des peines portées contre ceux qui ont fait usage de monnaies, billets, sceaux, timbres, marteaux, poinçons, marques et écrits faux, contrefaits, fabriqués ou falsifiés cessera toutes les fois que le *faux n'aura pas été connu* de la personne qui aura fait usage de la chose fausse.

§ II. — Faux en écriture privée.

Art. **150, 164, 151, 163, 152** C. pén.

Art. **150.** — Tout individu qui aura, de l'une des manières exprimées en l'art. 147, commis un faux en écriture privée, sera puni de la réclusion.

Art. **147.** — Seront punies des travaux forcés à temps, toutes autres personnes qui auront commis un faux en écriture authentique et publique, ou en écriture de commerce ou de banque, — soit par contrefaçon ou altération d'écritures ou de signatures, — soit par fabrication de conventions, dispositions, obligations ou décharges, ou par leur insertion après coup dans ces actes, — soit par addition ou altération de clauses, de déclarations ou de fait que ces actes avaient pour objet de recevoir et de constater.

Art. **164** (Voir note *a* ci-contre).

Art. **152.** — Sont *exceptés* des dispositions ci-dessus, les *faux certificats* dont il sera parlé ci-après (art. 159 à 162).

Art. **151.** — Sera puni de la même peine (*Voir art. 150 ci-dessus*) celui qui aura fait usage de la pièce fausse.

Art. **163.** — L'application des peines portées contre ceux qui auront fait usage de monnaies, billets, sceaux, timbres, marteaux, poinçons, marques et écrits faux, contrefaits, fabriqués ou falsifiés, cessera toutes les fois que le faux n'aura pas été connu de la personne qui aura fait usage de la chose fausse.

Art. **164** (Voir note *a* ci-contre).

Art. **152.** — Sont *exceptés* des dispositions ci-dessus, *les faux certificats* dont il sera parlé ci-après.

(*a*) Art. **163**. — L'application des peines portées contre ceux qui ont fait usage de monnaies, billets, sceaux, timbres, marteaux, poinçons, marques et écrits faux, contrefaits, fabriqués ou falsifiés, cessera toutes les fois que le faux *n'aura pas été connu* de la personne qui aura fait usage de la chose fausse.

(*b*) Art. **164**. — Il sera prononcé contre les coupables une *amende* dont le minimum sera de 100 francs et le maximum de 3,000 francs; l'amende pourra cependant être portée jusqu'au quart du bénéfice illégitime que le faux aura procuré ou était destiné à procurer aux auteurs du crime ou du délit, à leurs complices, ou à ceux qui ont fait usage de la pièce fausse.

Nota (*L'amende doit être prononcée, même s'il existe des circonstances atténuantes. — Cass., 27 mai 1881*).

111

§ III. — Faux dans les passe-ports, certificats, etc. (a).

Art. 153, 154, 155, 156, 157, 158, 159, 160, 161, 162, 16, 164 C. pén.

Art. 153. — Quiconque *fabriquera un faux passe-port* ou un *faux permis de chasse*, ou *falsifiera* un passe-port ou un permis de chasse originairement véritable, ou fera usage d'un passe-port ou d'un permis de chasse fabriqué ou falsifié, sera puni d'un emprisonnement de six mois au moins et de trois ans au plus.

Art. 164 (Voir la note *b* ci-contre).

Art. 154. — Quiconque *prendra dans un passe-port ou dans un permis de chasse un nom supposé* ou aura concouru comme témoin à faire délivrer le passe-port sous le nom supposé, sera puni d'un emprisonnement de trois mois à un an.

§ 2. — La même peine sera applicable à tout individu qui aura fait *usage d'un passe-port ou d'un permis de chasse délivré sous un autre nom que le sien.*

§ 3. — Les *logeurs ou aubergistes qui, sciemment, inscrivant* sur leurs registres, *sous des noms faux* ou supposés, les personnes logées chez eux, ou qui, de connivence avec elles, auraient omis de les inscrire, seront punis d'un emprisonnement de six jours au moins et de trois mois au plus.

Art. 164 (Voir la note *b* ci-contre).

Art. 155. — Les *officiers publics qui délivreront* ou feront délivrer *un passe-port à une personne qu'ils ne connaîtront pas* personnellement, sans avoir fait attester ses noms et qualités par deux citoyens à eux connus, seront punis d'un emprisonnement de un mois à six mois.

§ 2. — Si l'officier public, *instruit de la supposition du nom, a néanmoins délivré* ou fait délivrer *le passe-port* sous le nom supposé, il sera puni d'un emprisonnement d'une année au moins et de quatre ans au plus.

§ 3. — Le coupable pourra être en outre privé des droits mentionnés en l'art. 42 du présent Code, pendant cinq ans au moins et dix ans au plus, à compter du jour où il aura subi sa peine (Voir art. 42, note *a*, page 52 ci-dessus).

Art. 164 (Voir note *b* ci-contre).

Art. 156. — Quiconque *fabriquera une fausse feuille de route*, ou falsifiera une feuille de route originairement véritable, ou fera usage d'une feuille de route fabriquée ou falsifiée, sera puni, savoir :

§ 2. — D'un emprisonnement de six mois au moins et de trois ans au plus, si la fausse feuille de route n'a eu pour objet que de tromper la surveillance de l'autorité publique ;

§ 3. — D'un emprisonnement d'une année au moins et de quatre ans au plus, si le Trésor public a payé au porteur de la fausse feuille des frais de route qui ne lui étaient pas dûs ou qui excédaient ceux auxquels il pouvait avoir droit, le tout néanmoins au-dessous de 100 francs ;

§ 4. — Et d'un emprisonnement de deux ans au moins et de cinq ans au plus, si les sommes indûment perçues par le porteur de la feuille s'élèvent à 100 francs et au delà ;

§ 5. — Dans ces deux derniers cas, les coupables pourront, en outre, être privés des droits mentionnés en l'art. 42 du présent Code, pendant cinq ans au moins et dix ans au plus, à compter du jour où ils auront subi leur peine (art. 42 C. pén. Voir note *a*, page 52 ci-dessus).

§ 6. — Ils pourront aussi être mis, par l'arrêt ou le jugement, sous la surveillance de la haute police pendant le même nombre d'années (Voir page 53).

Art. 164 (Voir note *b* ci-contre).

112

Art. **157.** — Les peines portées en l'article précédent seront appliquées, selon les distinctions qui y sont établies, *à toute personne qui se sera fait délivrer*, par l'officier public, *une feuille de route sous un nom supposé*, ou qui aurait fait usage d'une feuille de route sous un autre nom que le sien.

Art. **158.** — *Si l'officier public était instruit de la supposition de nom,* lorsqu'il a délivré la feuille de route, il sera puni, savoir :

§ 2. — Dans le premier cas posé par l'art. 156, d'un emprisonnement d'une année au moins et de quatre ans au plus ;

§ 3. — Dans le second cas du même article, d'un emprisonnement de deux ans au moins et de cinq ans au plus.

§ 4. — Dans le troisième cas, de la réclusion.

§ 5. — Dans les deux premiers cas, il pourra être privé des droits mentionnés en l'art. 42 du présent Code, pendant cinq ans au moins et dix ans au plus, à compter du jour où il aura subi sa peine (art. 42. Voir note *a*, p. 52 ci-dessus).

Art. **164** (Voir note *b*, page 111 ci-dessus).

Art. **159.** — Toute personne qui, *pour se rédimer* elle-même ou affranchir une autre d'un service public quelconque, *fabriquera sous le nom d'un médecin*, chirurgien ou autre officier de santé, *un certificat de maladie ou d'infirmité*, sera punie d'un emprisonnement d'une année au moins et de trois ans au plus.

Art. **164** (Voir note *b* de la page 111 ci-dessus).

Art. **160.** — Tout *médecin, chirurgien, ou autre officier de santé* qui, pour favoriser quelqu'un, *certifiera faussement des maladies ou infirmités* propres à dispenser d'un service public, sera puni d'un emprisonnement d'une année au moins et de trois ans au plus.

§ 2. — S'il y a été mu par dons ou promesses, la peine de l'emprisonnement sera d'une année au moins et de quatre ans au plus.

§ 3. — Dans les deux cas, le coupable pourra, en outre, être privé des droits mentionnés en l'art. 42 du présent Code, pendant cinq ans au moins et dix ans au plus, à compter du jour où il aura subi sa peine (art. 42. Voir note *a*, page 52 ci-dessus).

§ 4. — Dans le deuxième cas, les corrupteurs seront punis des mêmes peines que le médecin, chirurgien ou officier de santé qui aura délivré le faux certificat.

Art. **164** (Voir note *b* de la page 111 ci-dessus).

Art. **161.** — Quiconque *fabriquera, sous le nom d'un fonctionnaire* ou officier public, *un certificat de bonne conduite, indigence* ou autres circonstances propres à appeler la bienveillance du Gouvernement ou des particuliers sur la personne y désignée, et à lui procurer places, crédit ou secours, sera puni d'un emprisonnement de six mois à deux ans.

§ 2. — La même peine sera appliquée : 1° à celui qui falsifiera un certificat de cette espèce, originairement véritable, pour l'approprier à une personne autre que celle à laquelle il a été primitivement délivré ; 2° à tout individu qui se sera servi du certificat ainsi fabriqué ou falsifié.

§ 3. — Si ce certificat est fabriqué sous le nom d'un simple particulier, la fabrication et l'usage seront punis de quinze jours à six mois d'emprisonnement.

Art. **164** (Voir note *b*, page 111 ci-dessus).

Art. **162.** — Les faux certificats de toute autre nature, et d'où il pourrait résulter, soit lésion envers des tiers, soit préjudice envers le Trésor public, seront punis, selon qu'il y aura lieu, d'après les dispositions des §§ 3 et 4 de la présente section (*Faux*).

113

II. — FAUX TÉMOIGNAGE.

Matière criminelle. — Art. 361, 364, § 1, C. pén.

Art. **361.** — Quiconque sera coupable de faux témoignage en matière criminelle, soit contre l'accusé, soit en sa faveur, sera puni de la peine de la réclusion.

§ 2. — Si néanmoins l'accusé a été condamné à une peine plus forte que celle de la réclusion, le faux témoin qui a déposé contre lui subira la même peine.

Art. **364,** § 1. — Le faux témoin en matière criminelle qui aura *reçu de l'argent, une récompense quelconque ou des promesses,* sera puni des travaux forcés à temps, sans préjudice de l'application du § 2 de l'art. 361. Dans tous les cas, ce que le faux témoin aura reçu sera confisqué.

Matière correctionnelle. — Art. 362, §§ 1, 2, 4. — 364. § 2, C. pén.

Art. **362,** § 1. — Quiconque sera coupable de faux témoignage en matière correctionnelle, soit contre le prévenu, soit en sa faveur, sera puni d'un emprisonnement de deux ans au moins et de cinq ans au plus, et d'une amende de 50 francs à 2,000 francs.

§ 2. — Si néanmoins le prévenu a été condamné à plus de cinq années d'emprisonnement, le faux témoin qui a déposé contre lui subira la même peine.

§ 4. — Dans ces deux cas, les coupables pourront, en outre, être privés des droits mentionnés en l'art. 42 du présent Code (*Voir cet article, note a de la page 52*) pendant cinq ans au moins et dix ans au plus, à compter du jour où ils auront subi leur peine, et être placés sous la surveillance de la haute police pendant le même nombre d'années (*Voir page 53*).

Art. **364,** § 2. — Le faux témoin, en matière correctionnelle ou civile, qui *aura reçu de l'argent, une récompense* quelconque ou *des promesses,* sera puni de la réclusion. Dans tous les cas, ce que le faux témoin aura reçu sera confisqué.

Matière de police. — Art. 362, §§ 3 et 4. — 364, §§ 3 et 4, C. pén.

Art. **362,** § 3. — Quiconque sera coupable de faux témoignage en matière de police, soit contre le prévenu, soit en sa faveur, sera puni d'un emprisonnement d'un an au moins et de trois ans au plus, et d'une amende de 16 francs à 500 francs.

§ 4. — Dans ces deux cas, les coupables pourront, en outre, être privés des droits mentionnés en l'art. 42 du présent Code (*Voir cet article, note a, page 52 ci-dessus*) pendant cinq ans au moins et dix ans au plus, à compter du jour où ils auront subi leur peine, et être placés sous la surveillance de la haute police pendant le même nombre d'années (*Voir page 53 ci-dessus*).

Art. **364,** § 3. — Le faux témoin, en matière de police, qui aura *reçu de l'argent, une récompense quelconque ou des promesses,* sera puni d'un emprisonnement de deux à cinq ans et d'une amende de 50 francs à 2,000 francs. Il pourra aussi l'être des peines accessoires mentionnées en l'art. 362 (*Voir art. 362, § 4, ci-dessus*).

§ 4. — Dans tous les cas, ce que le faux témoin aura reçu sera confisqué.

114

Matière civile. — Art. **6, 62,** § **4, 64,** § **2,** C. pén.

Art. **363.** — Le coupable de faux témoignage en matière civile sera puni d'un emprisonnement de deux à cinq ans et d'une amende de 50 francs à 2,000 francs. Il pourra aussi l'être des peines accessoires mentionnées dans l'article précédent.

Art. **362,** § **2.** — Dans ces deux cas, les coupables pourront, en outre, être privés des droits mentionnés en l'art. 42 du présent Code (*Voir cet article, note* a, *page 52 ci-dessus*) pendant cinq ans au moins et dix ans au plus, à compter du jour où ils auront subi leur peine, et être placés sous la surveillance de la haute police pendant le même nombre d'années (*Voir page 53 ci-dessus*).

Art. **364,** § **2.** — Le faux témoin en matière correctionnelle ou civile, qui *aura reçu de l'argent, une récompense* quelconque ou *des promesses*, sera puni de la réclusion. Dans tous les cas, ce que le faux témoin aura reçu sera confisqué.

Serment déféré ou référé.

Art. **366.** — Celui à qui le serment aura été déféré ou référé en matière civile, et qui aura fait un faux serment, sera puni d'un emprisonnement d'une année au moins et de cinq ans au plus et d'une amende de 100 francs à 3,000 francs.

§ **2.** — Il pourra en outre être privé des droits mentionnés en l'art. 42 du présent Code (V. note *a*, p. 52, ci-dessus), pendant cinq ans au moins et dix ans au plus à compter du jour où il aura subi sa peine, et être placé sous la surveillance de la haute police pendant le même nombre d'années (*Voir page 53, suprà*).

III. — SUBORNATION DE TÉMOINS.

Art. **365** C. pén. — Le coupable de subornation de témoins sera passible des mêmes peines que le faux témoin, selon les distinctions contenues dans les art. 361, 362, 363 et 364.

(*A*) **Questions subsidiaires.**

1° Dans *incendie*, on peut poser le subsidiaire de *tentative*. — Cass., 25 janv. 1849. Bulletin, n° 9.

2° Dans *incendie direct ou consommé*, on peut poser le subsidiaire d'*incendie par communication et simplement tenté*. — Cass., 24 déc. 1847. Pal., 1848, t. 2, p. 419.

3° Dans *incendie d'édifice habité*, on peut poser le subsidiaire d'*incendie de maison assurée et appartenant à autrui*. — Cass., 7 août 1852. Bulletin, n° 269.

4° Dans *incendie*, on peut poser le subsidiaire de *menace d'incendie*.

Cass., 28 pluv. an VIII. Dall., v° *Instr. crim.*, n° 2512.

Cass., 23 juill. 1813. Pal., t. 11, p. 574.

115

INCENDIE. — DESTRUCTION D'ÉDIFICE. — DESTRUCTION DE TITRES, ETC.

I. — INCENDIE (*A*).

Art. 434 C. pén. — Quiconque aura volontairement mis le feu à des *édifices, navires, bateaux, magasins, chantiers,* quand ils sont *habités ou servent à l'habitation,* et généralement aux lieux habités ou servant à l'habitation, *qu'ils appartiennent ou n'appartiennent pas à l'auteur du crime,* sera puni de mort.

§ 2. — Sera puni de la même peine quiconque aura volontairement mis le feu soit à des *voitures ou wagons contenant des personnes,* soit à des voitures ou wagons ne contenant pas de personnes, mais faisant partie d'un convoi qui en contient.

§ 3. — Quiconque aura volontairement mis le feu à des *édifices, navires, bateaux, magasins, lorsqu'ils ne sont ni habités, ni servant à l'habitation,* ou à des forêts, bois taillis, ou récoltes sur pied, *lorsque ces objets ne lui appartiennent pas,* sera puni de la peine des travaux forcés à perpétuité.

§ 4. — Celui qui, en mettant le feu ou en faisant mettre le feu à l'un des *objets énumérés dans le § précédent et à lui-même appartenant,* aura volontairement *causé un préjudice* quelconque *à autrui,* sera puni des travaux forcés à temps; sera puni de la même peine celui qui aura mis le feu sur l'ordre du propriétaire.

§ 5. — Quiconque aura volontairement mis le feu soit à des *pailles ou récoltes en tas ou en meules,* soit à *des bois* disposés en tas ou en stères, soit à des *voitures ou wagons* chargés ou non chargés de marchandises ou autres objets mobiliers et *ne faisant point partie d'un convoi contenant des personnes, si ces objets ne lui appartiennent pas,* sera puni des travaux forcés à temps.

§ 6. — Celui qui, en mettant le feu, ou en faisant mettre le feu à l'un des *objets énumérés dans le § précédent,* et *à lui-même appartenant,* aura volontairement *causé un préjudice* quelconque à autrui, sera puni de la réclusion. — Sera puni de la même peine, celui qui aura mis le feu sur l'ordre du propriétaire.

§ 7. — Celui qui aura *communiqué l'incendie à l'un des objets énumérés* dans les précédents paragraphes, en mettant volontairement le feu à des objets quelconques, *appartenant soit à lui, soit*

Incendie.
Destruction d'édifices, etc.

à autrui, et placés de manière à communiquer ledit incendie, sera puni de la même peine que s'il avait directement mis le feu à l'un desdits objets.

§ 8. — Dans tous les cas, *si l'incendie a occasionné la mort* d'une ou de plusieurs personnes se trouvant sur les lieux incendiés au moment où il a éclaté, la peine sera la mort.

II. — DESTRUCTION D'ÉDIFICES.

Art. **435, 437** C. pén.

Art. **435.** — La peine sera la même d'après les distinctions faites en l'article précédent (*art. 434, voir ci-dessus*) contre ceux qui auront *détruit volontairement* en tout ou en partie, ou tenté de détruire par l'effet d'*une mine* ou de *toute autre substance explosible,* des *édifices,* habitations, digues, chaussées, navires, bateaux, véhicules de toutes sortes, magasins ou chantiers ou leurs dépendances, *ponts, voies publiques ou privées,* et généralement *tous objets mobiliers* ou immobiliers de quelque nature qu'ils soient.

§ 2. — Le *dépôt,* dans une intention criminelle, *sur une voie publique ou privée,* d'un engin explosif, sera assimilé à la tentative du meurtre prémédité.

§ 3. — Les personnes coupables des crimes mentionnés dans le présent article, *seront exemptes de peines,* si, avant la consommation de ces crimes, et avant toutes poursuites, *elles en ont donné connaissance et révélé les auteurs* aux autorités constituées, ou si, même après les poursuites commencées, elles ont procuré l'arrestation des autres coupables. Elles pourront, néanmoins, être frappées pour la vie ou à temps de l'interdiction de séjour établie par l'art. 19 de la loi du **27** mai **1885** (*Voir page 53 ci-dessus*).

Art. **437.** — Quiconque, volontairement, aura *détruit ou renversé,* par quelque moyen que ce soit, en tout ou en partie, *des édifices,* des ponts, digues ou chaussées, ou autres constructions qu'il savait appartenir à autrui, ou *causé l'explosion d'une machine à vapeur,* sera puni de la réclusion et d'une amende qui ne pourra excéder le quart des restitutions et indemnités, ni être au-dessous de 100 francs.

§ 2. — S'il y a eu *homicide ou blessures,* le coupable sera, dans le premier cas, puni de mort, et, dans le second, puni de la peine des travaux forcés à temps.

117

III. — DESTRUCTION DE TITRES, ETC.

Art. **439** C. pén. — Quiconque aura volontairement brûlé ou détruit, d'une manière quelconque, des registres, minutes ou autres originaux de l'autorité publique, des titres, billets, lettres de change, effets de commerce ou de banque, contenant ou opérant obligation, disposition ou décharge, sera puni ainsi qu'il suit :

§ 2. — Si les pièces détruites sont des *actes de l'autorité publique*, ou des *effets de commerce ou de banque,* la peine sera la réclusion.

§ 3. — S'il s'agit de toute autre pièce, le coupable sera puni d'un emprisonnement de deux à cinq ans et d'une amende de 100 à 300 francs.

(*a*) **Excuses.** — Art. **213** C. pén. — En cas de rébellion avec bande ou attroupement, l'art. 100 du présent Code sera applicable aux rebelles sans fonctions ni emplois dans la bande, qui se seront retirés au premier avertissement de l'autorité publique ou même depuis, s'ils n'ont été saisis que hors du lieu de la rébellion, et sans nouvelle résistance et sans armes.

Art. **100** C. pén. — Il ne sera prononcé aucune peine pour le fait de sédition contre ceux qui, ayant fait partie de ces bandes sans y exercer aucun commandement, et sans y remplir aucun emploi ni fonctions, se seront retirés au premier avertissement des autorités civiles ou militaires ou même depuis, lorsqu'ils n'auront été saisis que hors des lieux de la réunion séditieuse, sans opposer de résistance et sans armes. Ils ne seront punis, dans ces cas, que des crimes particuliers qu'ils auraient personnellement commis; et, néanmoins, ils pourront être renvoyés pour cinq ans ou au plus jusqu'à dix, sous la surveillance spéciale de la haute police (V° page 53, *suprà*).

118

RÉBELLION. VIOLENCES ENVERS FONCTIONNAIRES. — PILLAGE.

I. — RÉBELLION.

Art. 209, 210, 211, 212, 214, 215, 218, 219 C. pén.

Art. **209.** — Toute *attaque*, toute *résistance avec violence et voies de fait* envers les officiers ministériels, les gardes champêtres ou forestiers, la force publique, les préposés des douanes, les séquestres, les officiers ou agents de police administrative ou judiciaire, agissant pour l'exécution des lois, des ordres ou ordonnances de l'autorité publique, des mandats de justice ou jugements, *est qualifiée,* selon les circonstances, *crime ou délit de rébellion.*

Art. **210.** — (*a*). — Si elle a été *commise par plus de vingt personnes armées,* les coupables seront punis des travaux forcés à temps ; et *s'il n'y a pas eu port d'armes,* ils seront punis de la réclusion.

Art. **211.** — (*a*). — Si la rébellion a été *commise par une réunion armée de trois personnes* ou plus *jusqu'à vingt inclusivement,* la peine sera la réclusion ; *s'il n'y a pas eu port d'armes,* la peine sera un emprisonnement de six mois au moins et deux ans au plus.

Art. **218.** — Dans tous les cas où il sera prononcé, pour fait de rébellion, une simple peine d'emprisonnement, les coupables pourront être condamnés, en outre, à une *amende* de 16 à 200 francs.

Art. **216.** — Les *auteurs des crimes et délits* commis *pendant* le cours et à l'occasion d'*une rébellion,* seront punis des peines prononcées contre chacun de ces crimes, si elles sont plus fortes que celles de la rébellion.

Art. **221.** — *Les chefs d'une rébellion* et ceux qui l'auront provoquée, *pourront être condamnés à rester,* après l'expiration de leur peine, *sous la surveillance spéciale de la haute police* pendant cinq ans au moins et dix ans au plus (V° page 53).

Art. **212.** — Si la *rébellion* n'a été commise que *par une ou deux personnes, avec armes,* elle sera punie d'un emprisonnement de six mois à deux ans ; et si elle a eu lieu *sans armes,* d'un emprisonnement de six jours à six mois.

Art. **218.** — Dans les cas où il sera prononcé pour les faits de rébellion une simple peine d'emprisonnement, les coupables pourront être condamnés, en outre, à une *amende* de 16 à 200 francs.

119

Art. **214**. — Toute *réunion* d'individus pour un crime ou un délit est *réputée* réunion *armée, lorsque plus de deux personnes portent des armes ostensibles.*

Art. **215**. — Les personnes qui se trouveraient *munies d'armes cachées,* et qui auraient fait partie d'une troupe ou réunion non réputée armée, *seront individuellement punies comme si elles avaient fait partie d'une troupe* ou réunion *armée.*

Art. **219**. — Seront punies comme *réunions de rebelles, celles* qui auront été *formées avec ou sans armes et accompagnées de violences ou de menaces* contre l'autorité administrative, les officiers et les agents de police, ou contre la force publique.

1° Par les ouvriers ou journaliers dans les ateliers publics ou manufactures.

2° Par les individus admis dans les hospices.

3° Par les prisonniers prévenus, accusés ou condamnés.

Art. **220**. — *La peine* appliquée *pour rébellion des prisonniers* prévenus, accusés ou condamnés, relativement à d'autres crimes ou délits, *sera par eux subie,* savoir : — Pour ceux qui, à raison des crimes ou délits qui ont causé leur détention, sont ou seraient condamnés à une peine non capitale ni perpétuelle, immédiatement après l'expiration de cette peine. Et, par les autres, immédiatement après l'arrêt ou jugement en dernier ressort qui les aura acquittés ou renvoyés absous du fait pour lequel ils étaient détenus.

Art. **221**. — *Les chefs d'une rébellion,* et ceux qui l'auront provoquée, pourront être condamnés à rester, après l'expiration de leur peine, *sous la surveillance spéciale de la haute police* pendant cinq ans au moins et dix ans au plus (Voir *suprà*, page 53).

120

II. — VIOLENCES ENVERS FONCTIONNAIRES.

Art. **228**, §§ 1 et 3, **230**, **231**, **232**, **233** C. pén.

Art. **228**, § 1. — Tout individu qui, même sans armes, et sans qu'il en soit résulté de blessures, aura frappé un *magistrat dans l'exercice de ses fonctions, ou à l'occasion de cet exercice*, ou commis toute autre violence ou voie de fait envers lui dans les mêmes circonstances, sera puni d'un emprisonnement de deux à cinq ans.

§ 3. — Le coupable pourra en outre, dans les deux cas, être privé des droits mentionnés en l'art. 42 du présent Code (*Voir art. 42, note a, page 52*), pendant cinq ans au moins et dix ans au plus, à compter du jour où il aura subi sa peine, et être placé sous la surveillance de la haute police pendant le même nombre d'années (Voir *suprà, page* 53).

Art. **230**. — Les violences ou voies de fait de l'espèce exprimée en l'art. 228 (*Voir ci-dessus*), dirigées contre un *officier ministériel, un agent de la force publique, ou un citoyen chargé d'un ministère de service public*, si elles ont eu lieu pendant qu'ils exerçaient leur ministère, ou à cette occasion, seront punies d'un emprisonnement d'un mois au moins et de trois ans au plus et d'une amende de 16 francs à 500 francs.

Art. **231**. — Si les violences exercées contre les fonctionnaires et agents désignés aux art. 228 et 230 (*Voir ci-dessus*) ont été la cause d'*effusion de sang, blessures* ou *maladies,* la peine sera la réclusion; si la *mort s'en est suivie dans les quarante jours,* le coupable sera puni des travaux forcés à perpétuité.

Art. **232**. — Dans le cas même où ces violences n'auraient pas causé d'effusion de sang, blessures ou maladies, les coups seront punis de la *réclusion*, s'ils ont été portés avec *préméditation* ou *guet-apens* (*Voir la définition de préméditation et guet-apens page 86 ci-dessus*).

Art. **233**. — Si les *coups* ont été *portés* ou les blessures faites à un des fonctionnaires ou agents désignés aux art. 228 et 230, dans l'exercice ou à l'occasion de l'exercice de leurs fonctions, *avec intention de donner la mort,* le coupable sera puni de mort.

(*A*) **Questions subsidiaires.**

1° Dans *pillage*, on peut poser le subsidiaire de *vol*. — Cass., 29 déc. 1832. Bulletin, n° 523.

III. — PILLAGE (*A*).

Art. **440, 441, 442** C. pén.

Art. **440.** — Tout pillage, tout dégât de denrées ou marchandises, effets, propriétés mobilières, commis en réunion ou bande et à force ouverte, sera puni des travaux forcés à temps; chacun des coupables sera, de plus, condamné à une amende de 200 francs à 5,000 francs.

Art. **441.** — Néanmoins ceux qui *prouveront avoir été entraînés* par des provocations ou sollicitations à prendre part à ces violences, pourront n'être punis que de la peine de la réclusion.

Art. **442.** — Si les denrées pillées ou détruites sont des *grains, grenailles ou farines,* substances farineuses, pain, vin ou autres boissons, la peine que subiront les *chefs, instigateurs ou provocateurs seulement,* sera le maximum des travaux forcés à temps, et celui de l'amende prononcée par l'art. 440.

(*A*) **Questions subsidiaires.**

1° Dans *vol*, on peut ajouter les circonstances aggravantes de *violence*. — Cass., 28 déc. 1823. Dall., v° *Instr. crim.*, n° 2515.

Fausses clefs. — Cass., 19 août 1830. Sir. C. N., 9.576.

Chemin public. — Cass., 18 juill. 1844. Dall., 44.1.330.

Actes de barbarie. — Cass., 9 févr. 1816. Pal., t. 13, p. 272.

2° Dans *vol*, on peut poser le subsidiaire de *tentative*.

    Cass., 14 mai 1813. Bulletin, n° 103.

    Cass., 23 sept. 1830. Bulletin, n° 222.

3° Dans *complicité par recel* d'objets volés par un tel, on peut poser le subsidiaire de *recel d'objets volés par* un *inconnu.* — Cass., 18 mars 1841. Dall., 41.1.394.

4° Dans *vol par domestique*, on peut poser le subsidiaire d'*abus de confiance.* — Cass., 9 mars 1843. Pal., 1843.2.644.

5° Dans *vol d'argent*, on peut poser le subsidiaire de *vol de marchandises* commis au préjudice de la même victime, dans le même lieu, à la même époque, avec les mêmes circonstances. — Cass., 4 sept. 1812. Pal., t. 12, p. 711.

6° Dans *vol ayant accompagné un meurtre*, on peut poser le subsidiaire de *vol avec violence.* — Cass., 22 juin 1855. Bulletin, n° 224.

7° Dans *vol avec violence*, on peut poser le subsidiaire de *coups*.

    Cass., 12 févr. 1813. Sir. C. N., 4.284.

    Cass., 10 déc. 1836. Bulletin, n° 386.

    Cass., 22 avr. 1842. Bulletin, n° 96.

    Cass., 24 déc. 1863. Bulletin, n° 307.

VOLS ET EXTORSION DE SIGNATURE (*A*).

§ 1. — **Vol avec cinq cironstances.** Art. **381** C. pén.

Art. 381. — Seront punis des travaux forcés à perpétuité les individus coupables de vol commis avec la réunion des cinq circonstances suivantes :

1° Si le vol a été commis la nuit.

2° S'il a été commis par deux ou plusieurs personnes.

3° Si les coupables ou l'un d'eux étaient porteurs d'armes apparentes ou cachées.

4° S'ils ont commis le crime, soit à l'aide d'effraction extérieure, ou d'escalade, ou de fausses clefs, dans une maison, appartement, chambre, ou logement habités ou servant à l'habitation, ou leurs dépendances, soit en prenant le titre d'un fonctionnaire public ou d'un officier civil ou militaire, ou après s'être revêtus de l'uniforme ou du costume du fonctionnaire ou de l'officier, ou en alléguant un faux ordre de l'autorité civile ou militaire.

5° S'ils ont commis le crime avec violence ou menace de faire usage de leurs armes.

Vol.
Extorsion de
signature.

§ 2. — **Vol avec violence.** Art. **382** C. pén.

Art. 382. — Sera puni de la peine des travaux forcés à temps tout individu coupable de vol à l'aide de violence.

§ 2. — Si la violence à l'aide de laquelle le vol a été commis, a laissé des *traces de blessures ou de contusion*, cette circonstance suffira pour que la peine des travaux forcés à perpétuité soit prononcée.

§ 3. — **Vol sur les chemins publics.** Art. **383** C. pén.

Art. 383. — Les vols commis sur les chemins publics emporteront la peine des travaux forcés à perpétuité, lorsqu'ils auront été commis avec *deux des circonstances prévues par l'art.* 381 *(art. 381, V° p. 122; suprà)*.

§ 2. — Ils emporteront la peine des travaux forcés à temps, lorsque ils auront été commis avec *une seule de ces circonstances.*

§ 3. *Dans les autres cas* la peine sera celle de la réclusion.

§ 4. — **Vol avec effraction, ou escalade, ou fausses clefs, dans des édifices, parcs ou enclos. — Bris de scellés.** Art. **384, 253** C. pén.

Art. 384. — Sera puni de la peine des travaux forcés à temps, tout individu coupable de vol commis à l'aide d'un des moyens énoncés dans le n° 4 de l'art. 381, même quoique l'effraction, l'escalade et l'usage de fausses clefs ait eu lieu dans des édifices, parcs ou enclos non servant à l'habitation et non dépendants des maisons habitées, et lors même que l'effraction n'aurait été qu'intérieure.

Art. 381, n° 4. — S'ils ont commis le crime, soit à l'aide d'effraction extérieure ou d'escalade, ou de fausses clefs, dans une maison, appartement, chambre ou logement habités ou servant à l'habitation, ou leurs dépendances, soit en prenant le titre d'un fonctionnaire public ou d'un officier civil ou militaire, ou après s'être revêtus de l'uniforme ou du costume du fonctionnaire ou de l'officier, ou en alléguant un faux ordre de l'autorité civile ou militaire.

Art. 253. — Tout vol commis à l'aide d'un *bris de scellés* sera puni comme vol commis à l'aide d'effraction.

124

5. — Vol la nuit. — Maison habitée (*cultes*). **— Par plusieurs et avec armes**. Art. 385, C. pén.

Art. 385. — Sera également puni de la peine des travaux forcés à temps, tout individu coupable de vol commis avec deux des trois circonstances suivantes :

1° Si le vol a été commis la nuit.

2° S'il a été commis dans une maison habitée, ou dans un des édifices consacrés aux cultes légalement établis en France.

3° S'il a été commis par deux ou plusieurs personnes.

Et si, en outre, le coupable, ou l'un des coupables était porteur d'armes apparentes ou cachées.

§ 6. — Vol la nuit. — Maison habitée (*cultes*).
Par plusieurs. A. 386, § 1.

Art. 386, § 1. — Sera puni de la peine de la réclusion tout individu coupable de vol commis dans l'un des cas ci-après :

1° Si le vol a été commis la nuit et par deux ou plusieurs personnes, ou s'il a été commis avec une de ces deux circonstances seulement, mais en même temps dans un lieu habité ou servant à l'habitation, ou dans les édifices consacrés aux cultes légalement établis en France.

§ 7. — Vol avec armes. A. 386, n. 2, C. pén.

Art. 386, n° 2. — Sera puni de la peine de la réclusion tout individu coupable de vol commis dans l'un des cas ci-après :

2° Si le coupable ou l'un des coupables était porteur d'armes apparentes ou cachées, même quoique le lieu où le vol a été commis, ne fût ni habité, ni servant à l'habitation et encore que le vol ait été commis le jour et par une seule personne.

§ 8. — Vol par domestique, etc. Art. 386, n. 3, C. pén.

Art. 386, n° 3. — Sera puni de la réclusion tout individu coupable de vol commis dans l'un des cas ci-après :

3° Si le voleur est un domestique ou un homme de service à gages, même lorsqu'il aura commis le vol envers des personnes qu'il ne servait pas, mais qui se trouvaient, soit dans la maison de son maître, soit dans celle où il l'accompagnait; ou si c'est un

ouvrier, compagnon ou apprenti dans la maison, l'atelier ou le magasin de son maître; ou un individu travaillant habituellement dans l'habitation où il aura volé.

§ 9. — **Vol par aubergiste, voiturier, etc.** Art. **386**, n. **4**, C. pén.

Art. **386**, n° 4. — Sera puni de la peine de la réclusion tout individu coupable de vol commis dans l'un des cas ci-après :

4° Si le vol a été commis par un aubergiste, un hôtelier, un voiturier, un batelier ou un de leurs préposés, lorsqu'ils auront volé tout ou partie des choses qui leur étaient confiées à ce titre.

§ 10. — **Vol simple.** Art. **401, 387, 388, 389** C. pén.

Art. **401**. — Les autres vols non spécifiés dans la présente section, les larcins et filouteries, ainsi que les tentatives de ces mêmes délits seront punis d'un emprisonnement d'un an au moins et de cinq ans au plus et pourront même l'être d'une amende qui . sera de 16 francs au moins et de 500 francs au plus.

§ 2. — Les coupables pourront encore être interdits des droits mentionnés en l'art. 42 du présent Code, pendant cinq ans au moins et dix ans au plus, à compter du jour où ils auront subi leur peine (*V. art. 42, note* a, *p. 52, ci-dessus*).

§ 3. — Ils pourront aussi être mis, par l'arrêté ou le jugement, sous la surveillance de la haute police pendant le même nombre d'années (V. p. 53, *suprà*).

§ 4. — Quiconque, sachant qu'il est dans *l'impossibilité absolue de payer*, se *sera fait servir des boissons ou des aliments* qu'il aura consommés en tout ou en partie dans des établissements à ce destinés, sera puni d'un emprisonnement de six jours au moins et de six mois au plus et d'une amende de 16 francs au moins et de 200 francs au plus.

Altération de liquides, etc. — Art. **387** C. pén.

Art. **387**. — Les voituriers, bateliers ou leurs préposés qui auront altéré ou tenté d'altérer des vins ou toute autre espèce de liquides ou marchandises dont le transport leur avait été confié, et qui auront commis ou tenté de commettre cette altération par le *mélange de substances malfaisantes*, seront punis d'un emprisonnement de deux à cinq ans et d'une amende de 25 francs à 500 francs.

§ 2. — Ils pourront, en outre, être privés des droits mentionnés en l'art. 42 du présent Code (*V° note* a, *p. 52, ci-dessus*) pendant cinq ans au moins et dix ans au plus; ils pourront aussi être mis par l'arrêt ou le jugement sous la surveillance de la haute police pendant le même nombre d'années (V. p. 53, *suprà*).

§ 3. — S'il n'y a *pas eu mélange de substances malfaisantes*, la peine sera d'un emprisonnement d'un mois à un an et d'une amende de 16 francs à 100 francs.

Vol dans les champs, etc. — Art. **388** C. pén.

Art. **388**. — Quiconque aura volé ou tenté de voler dans les champs, des *chevaux* ou *bêtes de charge*, de *voiture* ou de monture, gros et menus *bestiaux*, ou des *instruments d'agriculture*, sera puni d'un emprisonnement d'un an au moins et de cinq ans au plus, et d'une amende de 16 francs à 500 francs.

§ 2. — Il en sera de même à l'égard des *vols de bois dans les ventes*, et de *pierres dans les carrières*, ainsi qu'à l'égard du *vol de poisson en étang, vivier ou réservoir*.

§ 3. — Quiconque aura volé ou tenté de voler, dans les champs, des *récoltes* ou autres productions utiles de la terre, *déjà détachées du sol*, ou des *meules de grains* faisant partie de récoltes, sera puni d'un emprisonnement de quinze jours à deux ans, et d'une amende de 16 francs à 200 francs.

§ 4. — Si le *vol* a été commis, soit *la nuit*, soit *par plusieurs* personnes, soit à *l'aide de voitures ou d'animaux de charge*, l'emprisonnement sera d'un an à cinq ans, et l'amende de 16 francs à 500 francs.

§ 5. — Lorsque *le vol ou la tentative de vol de récoltes*, ou autres productions utiles de la terre qui, avant d'être soustraites, n'étaient *pas encore détachées du sol*, aura eu lieu, soit *avec des paniers ou des sacs*, ou autres objets équivalents, soit *la nuit*, soit à *l'aide de voitures* ou *d'animaux de charge*, soit *par plusieurs personnes*, la peine sera d'un emprisonnement de quinze jours à deux ans et d'une amende de 16 francs à 200 francs.

§ 6. — Dans tous les cas spécifiés au présent article, les coupables pourront, indépendamment de la peine principale, être *interdits de* tout ou partie *des droits mentionnés en l'art.* 42 *(V° note* a, *p. 52)*, pendant cinq ans au moins et dix ans au plus, à compter du jour où ils auront subi leur peine. Ils pourront aussi être mis, par l'arrêt ou le jugement, sous la *surveillance de la haute police* pendant le même nombre d'années (V. page 53).

Vol par déplacement de bornes. — Art. **389** C. pén.

Art. **389**. — Tout individu qui, pour commettre un vol, aura enlevé ou tenté d'enlever des bornes servant de séparation aux propriétés, sera puni d'un emprisonnement de deux à cinq ans et d'une amende de 16 francs à 500 francs.

§ 2. — Le coupable pourra, en outre, être *privé des droits* mentionnés en *l'art.* 42 pendant cinq ans au moins et dix ans au plus (*V° note* a, *p. 52)*, à compter du jour où il aura subi sa peine, et être *mis*, par l'arrêt ou le jugement, *sous la surveillance de la haute police* pendant le même nombre d'années (V. p. 53, *suprà*).

§ 11. — **Définition des circonstances aggravantes**. — Art. **390** à **398** C. pén.

Maison habitée. — Art. **390**. — Est réputé maison habitée tout bâtiment, logement, loge, cabane même mobile qui, sans être actuellement habité, est destiné à l'habitation, et tout ce qui en dépend, comme cours, basses-cours, granges, écuries, édifices, qui y sont enfermés, quel qu'en soit l'usage, et quand même ils auraient une clôture particulière dans la clôture ou enceinte générale.

Parc ou enclos. — Art. **391** et **392** C. pén.

Art. **391**. — Est réputé parc ou enclos tout terrain environné de fossés, de pieux, de claies, de planches, de haies vives ou sèches ou de murs, de quelque espèce de matériaux que ce soit, quelles que soient la hauteur, la profondeur, la vétusté, la dégradation de ces diverses clôtures,

quand il n'y aurait pas de porte fermant à clef ou autrement, ou quand la porte serait à claire-voie et ouverte habituellement.

Art. **392.** — Les *parcs mobiles* destinés à contenir du bétail dans la campagne, de quelque matière qu'ils soient faits, *sont* aussi *réputés enclos*, et, *lorsqu'ils tiennent aux cabanes mobiles* ou autres abris destinés aux gardiens, ils sont *réputés dépendants de maison habitée.*

Effraction. — Art. **393, 394, 395, 396** C. pén.

Art. **393.** — Est qualifié *effraction* tout forcement, rupture, dégradation, démolition, enlèvement de murs, toits, planches, portes, fenêtres, serrures, cadenas ou autres ustensiles ou instruments servant à fermer ou à empêcher le passage, et de toute espèce de clôture, quelle qu'elle soit.

Art. **394.** — Les effractions sont extérieures ou intérieures.

Art. **395.** — Les effractions *extérieures* sont celles à l'aide desquelles on peut s'introduire dans les maisons, cours, basses-cours, enclos ou dépendances, ou dans les appartements ou logements particuliers.

Art. **396.** — Les effractions *intérieures* sont celles qui, après l'introduction dans les lieux mentionnés en l'article précédent, sont faites aux portes ou clôtures du dedans, ainsi qu'aux armoires ou autres meubles fermés.

§ 2. — Est compris dans la classe des *effractions intérieures*, le simple *enlèvement des caisses*, boîtes, ballots sous toile et corde, et autres meubles fermés, qui contiennent des effets quelconques, *bien que l'effraction n'ait pas été faite sur le lieu.*

Escalade. — Art. **397** C. pén. — Est qualifiée escalade, toute entrée dans les maisons, bâtiments, cours, basses-cours, édifices quelconques, jardins, parcs et enclos, exécutée par dessus les murs, portes, toitures, ou toute autre clôture.

§ 2. — *L'entrée par une ouverture souterraine* autre que celle qui a été établie pour servir d'entrée, est une circonstance de même gravité que l'escalade.

Fausses clefs. — Art. **398** C. pén. — Sont qualifiés fausses clefs, tous crochets, rossignols, passe-partout, clefs imitées, contrefaites, altérées, ou qui n'ont pas été destinées par le propriétaire, locataire, aubergiste ou logeur, aux serrures, cadenas ou aux fermetures quelconques auxquelles le coupable les aura employés.

(*A*) **Questions subsidiaires.**

1° Dans *extorsion de signature*, on peut poser le subsidiaire de *coups avec préméditation*, ou de *menaces avec ordre ou sous condition*. — Cass., 19 juin 1845, Bulletin, n° 199.

§ 12. — Extorsion de signature. — Art. 400, § 1, C. pén. (*A*).

Art. 400, § 1. — Quiconque aura extorqué par force, violence ou contrainte, la signature ou la remise d'un écrit, d'un acte, d'un titre, d'une pièce quelconque contenant ou opérant obligation, disposition ou décharge, sera puni de la peine des travaux forcés à temps.

(*A*) **Questions subsidiaires.** — Vº *Questions subsidiaires*, p. 46, note nº 5.

TENTATIVE (*A*).

Crimes. — Art. 2 C. pén. — Toute tentative de crime qui aura été manifestée par un commencement d'exécution, si elle n'a été suspendue, ou si elle n'a manqué son effet que par des circonstances indépendantes de la volonté de son auteur, est considérée comme le crime même.

Délits. — Art. 3 C. pén. — Les tentatives de délits ne sont considérées comme délits que dans les cas déterminés par une disposition spéciale de la loi.

Tentative.

(A) **Questions subsidiaires.** — Vᵒ *Questions subsidiaires*, p. 46, note nᵒˢ 6, 7, 8 et 9.

COMPLICITÉ. — RECEL DE MALFAITEURS.

I. — COMPLICITÉ (4).

Art. **59, 60, 62, 63** C. pén.

Art. **59.** — Les complices d'un crime ou d'un délit, seront *punis de la même peine* que les auteurs mêmes de ce crime ou de ce délit, sauf les cas où la loi en aurait disposé autrement.

Art. **60.** — Seront punis comme complices d'une action qualifiée crime ou délit, ceux qui *par dons, promesses, menaces,* abus d'autorité ou de pouvoir, machinations ou artifices coupables, *auront provoqué à cette action,* ou *donné des instructions* pour la commettre.

§ 2. — Ceux qui auront *procuré des armes, des instruments* ou tout autre moyen qui aura servi à l'action, sachant qu'ils devaient y servir.

§ 3. — Ceux qui auront, avec connaissance, *aidé ou assisté l'auteur* ou les auteurs de l'action, *dans les faits qui l'auront préparée ou facilitée,* ou dans ceux qui l'auront *consommée;* sans préjudice des peines qui seront spécialement portées par le présent Code contre les auteurs de complots ou de provocations attentatoires à la sûreté intérieure ou extérieure de l'État, même dans le cas où le crime qui était l'objet des conspirateurs ou des provocateurs n'aurait pas été commis.

Recel. — Art. **62** et **63** C. pén.

Art. **62.** — Ceux qui, sciemment, auront recélé tout ou partie des choses enlevées, détournées ou obtenues à l'aide d'un crime ou d'un délit, seront aussi punis comme complices de ce crime ou de ce délit

Art. **63.** — Néanmoins la *peine de mort,* lorsqu'elle sera applicable aux auteurs des crimes, sera remplacée, *à l'égard des recéleurs,* par celle des *travaux forcés à perpétuité.*

§ 2. — Dans tous les cas, les peines des *travaux forcés à perpétuité ou de la déportation,* lorsqu'il y aura lieu, ne pourront être prononcées *contre les recéleurs,* qu'autant qu'ils seront *convaincus d'avoir eu,* au temps du recélé, *connaissance des circonstances* auxquelles la loi attache les peines de mort, des travaux forcés à perpétuité et de la déportation; *sinon,* ils ne subiront que *la peine des travaux forcés à temps.*

II. — RECEL DE MALFAITEURS.

Art. **61** C. pén. — Ceux qui, connaissant la conduite criminelle des malfaiteurs exerçant des brigandages ou des violences contre la sûreté de l'État, la paix publique, les personnes ou les propriétés, leur fournissent habituellement logement, lieu de retraite ou de réunion, seront punis comme leurs complices.

INFRACTION A L'INTERDICTION DE SÉJOUR. — INFRACTION A UN ARRÊTÉ D'EXPULSION.

I. — INFRACTION A L'INTERDICTION DE SÉJOUR.

Loi du 27 mai 1885. — Art. 19, §§ 2, 3 et 4. — Art. 45 C. pén.

Loi du 27 mai 1885. — Art. **19**, § 2. — La peine de la surveillance de la haute police est supprimée. Elle est remplacée par la défense faite au condamné de paraître dans les lieux dont l'interdiction lui sera signifiée par le gouvernement avant sa libération.

§ 3. — Toutes les autres obligations et formalités imposées par l'art. 44 C. pén., sont supprimées à partir de la promulgation de la présente loi, sans qu'il soit toutefois dérogé aux dispositions de l'art. 635 C. instr. crim.

§ 4. — Restent en conséquence applicables pour cette interdiction, les dispositions antérieures qui réglaient l'application et la durée, ainsi que la remise ou la suppression de la surveillance de la haute police, et les peines encourues par les contrevenants, conformément à l'art. 45 C. pén.

Art. **45** C. pén. — En cas de désobéissance aux dispositions prescrites par l'article précédent, l'individu mis sous la surveillance de la haute police, sera condamné, par les tribunaux correctionnels, à un emprisonnement qui ne pourra excéder cinq ans.

II. — INFRACTION A UN ARRÊTÉ D'EXPULSION.

Loi du 3 déc. 1849, art. 7, 8 et 9.

Art. **7**, § 1. — Le ministre de l'Intérieur pourra, par mesure de police, enjoindre à tout étranger voyageant ou résidant en France, de sortir immédiatement du territoire français et le faire reconduire à la frontière.

§ 3. — Dans les *départements frontières*, le préfet aura le même droit à l'égard de l'étranger non résidant, à la charge d'en référer immédiatement au ministre de l'Intérieur.

Art. **8**. — Tout étranger qui se serait soustrait à l'exécution des mesures énoncées en l'article précédent, ou dans l'art. 272 C. pén., ou qui, après être sorti de France par suite de ces mesures, y serait rentré sans la permission du Gouvernement, sera traduit devant les Tribunaux, et *condamné à un emprisonnement d'un mois à six mois.* Après l'expiration de sa peine, il sera reconduit à la frontière.

Art. **9**. — Les peines prononcées par la présente loi pourront être réduites conformément aux *dispositions de l'art. 463 C. pén.*

Infraction à i terdiction de s jour et expulsi

BAR-LE-DUC, IMPRIMERIE CONTANT-LAGUERRE.